OSCAR CULLMANN

DER JOHANNEISCHE KREIS

Der johanneische Kreis

Sein Platz im Spätjudentum, in der Jüngerschaft Jesu und im Urchristentum

Zum Ursprung des Johannesevangeliums

von

OSCAR CULLMANN

1975

J. C. B. MOHR (PAUL SIEBECK) TÜBINGEN

Der Evangelisch-Theologischen Fakultät der
Ludwig-Maximilians-Universität München
in dankbarer Erinnerung an mein Gastsemester
im Sommer 1974 und im Andenken an den
verehrten Kollegen Leonhard Goppelt

VORWORT

Nach langjähriger Beschäftigung mit dem Johannes-Evangelium und vielen exegetischen Vorlesungen, die ich zugleich lehrend und jedesmal in Auseinandersetzung mit der stets anwachsenden Literatur neu hinzulernend während meiner akademischen Tätigkeit in Basel und Paris gehalten habe, hat sich mir mehr und mehr eine Auffassung der Entstehungsverhältnisse dieses Evangeliums aufgedrängt, die ich hier nach mehreren Einzelveröffentlichungen zum ersten Mal in einer Synthese darlege. Diese war zunächst als Einführung in einen Kommentar gedacht, den ich zu schreiben beabsichtige. Da sie aber zu umfangreich ist und ich anderseits auf Aspekte eingehen muß, die über die üblichen Grenzen einer „Einleitung" hinausgehen, ziehe ich vor, sie als unabhängige Untersuchung herauszugeben. Allerdings ist jene Auffassung erst durch exegetisches Bemühen gewonnen worden und soll in einem legitimen Zirkelverfahren weiterhin durch die Exegese geprüft und bestätigt werden.

Der geeignetste Rahmen für die Lösung der verschiedenen Probleme, vor die uns dieses Evangelium stellt, scheint mir eine Untersuchung über Ursprung, Charakter und Einreihung des zugleich hinter ihm stehenden und sein theologisches Anliegen fortführenden „johanneischen Kreises" zu sein, dessen Existenz wohl kaum zu bestreiten ist, obwohl die individuelle Persönlichkeit des Verfassers literarisch und theologisch viel stärker profiliert ist als die der anderen Evangelisten.

Ich muß die Leser bitten, keinen Anstoß daran zu nehmen, daß ich neben vielen Arbeiten anderer meine eigenen auf das vierte Evangelium bezüglichen oft zitiere. Da diese letzteren sich alle auf die hier versuchte Synthese hin bewegen und grundlegende Voraussetzung für sie sind, ich ihre Ergebnisse jedoch jeweils nur zusammenfassen kann, muß ich öfter auf sie zurückverweisen.

Mein erstes Buch, das ich vor 45 Jahren über die Pseudoklementinen und die Beziehung zwischen Gnostizismus und Judenchristentum geschrieben habe, kann, was den Ursprung dieses Kreises betrifft, bereits als Vorarbeit gelten. Die These, die ich dort über die Verankerung ältesten Christentums in einem palästinensischen Randjudentum vertrete, hat mich seither nicht mehr losgelassen und hat vor allem meine Arbeit über die Umwelt und die geistige Heimat des Johannes-Evangeliums in eine bestimmte Richtung gelenkt. Damals kannte man jenes mehr oder weniger heterodoxe

Judentum trotz wertvoller von Alt- und Neutestamentlern wie Religions-
geschichtlern bereits vorgelegter Erkenntnisse noch nicht so gut wie seit
den neuern Handschriftenfunden. Inzwischen ist uns dieses Judentum
durch deren Verwertung näher gebracht worden, zum Teil gerade auch in
Zusammenhang mit dem Johannes-Evangelium.

Es lag mir aber immer daran, mich nicht mit der Feststellung des Ursprungs des johanneischen Kreises in jenem Judentum zu begnügen, sondern von da aus auch seine Einreihung innerhalb des Urchristentums zu
bestimmen. So wie das Judentum zur Zeit Jesu nicht in das früher übliche
Schema: „nicht hellenistisches Judentum Palästinas — hellenistisches Judentum der Diaspora" eingespannt werden darf, so darf auch das Urchristentum nicht — nach Art der alten Tübinger Schule — einfach in
palästinensisches Judenchristentum und hellenistisches Heidenchristentum
aufgeteilt werden.

Nachdem ich im Jahrbuch 1953/54 der Ecole des Hautes-Etudes in Paris
eine Arbeit über die Mission in Samarien durch die Hellenisten in Joh. 4
und Apg. 8 veröffentlicht hatte, trug ich 1958 auf der Neutestamentler-
tagung (SNTS) meine These über die Dreiecksbeziehung „Johannes-Evangelium—Stephanusgruppe—Samarien und heterodoxes Judentum" in ihrer
damaligen Form mit besonderer Betonung der gottesdienstlichen Verbindungslinien vor. Auf eine für mich überraschende Weise erhielt diese
These indirekt auf ganz verschiedenem und etwas anders orientiertem
Wege eine Bestätigung und zugleich die notwendige solide Untermauerung
aufgrund einer eingehenden Konfrontierung neutestamentlicher und samaritanischer Texte von seiten englisch-sprachiger Spezialisten für samaritanische Studien. So dürfte heute meine These auch im nicht englisch-
sprachigen Raum größere Beachtung als damals finden, zumal sie sich,
wie ich mich zu zeigen bemühe, mit früheren Arbeiten anderer Gelehrter
über ein gnostisch beeinflußtes Judentum in Einklang bringen läßt.

Sowohl die Untersuchungen über die geistige Heimat als die vorgeschlagene Einreihung innerhalb des Urchristentums sind noch nicht nach
allen Seiten für die Lösung der *übrigen* johanneischen Probleme fruchtbar
gemacht worden. Der hier unternommene Versuch, von dorther auch auf
diese ein neues Licht zu werfen, kommt dabei zu Ergebnissen, die, gestützt auf das Selbstzeugnis des Evangeliums, teilweise sowohl von der
kirchlichen Tradition als von heute mehrheitlich vertretenen wissenschaftlichen Meinungen abweichen. Ich möchte hierzu den Vertretern beider
gegenüber nur die Bitte aussprechen, diese Folgerungen nicht mit einer
der beliebten Etiketten zu versehen. Daß meine Arbeit an den betreffenden
Punkten von *beiden* unabhängig ist, sollte sie davor bewahren.

Trotz allen Bemühens, mit dem Aufstellen von Hypothesen vorsichtig
und zurückhaltend zu sein, bin ich da und dort auch auf Vermutungen
angewiesen, die, so fest ich von ihrem hohen Wahrscheinlichkeitsgrad

überzeugt bin, objektiv als Hypothesen zu bezeichnen sind. Ich möchte aber betonen, daß zur Lösung dessen, was man das johanneische Rätsel zu nennen pflegt, Hypothesen nicht ganz zu vermeiden sind und daß tatsächlich in der gesamten Johannesforschung mit Hypothesen gearbeitet wird, *auch dort*, wo ein sogenannter mehrheitlicher „*Konsensus*" vorliegt. Gewiß unterschätze ich zur Erforschung neutestamentlicher Probleme den Wert eines wissenschaftlichen Konsensus nicht — meine Untersuchung beweist es an mehreren Stellen —, ebensowenig wie ich den kirchlichen, den wir „Tradition" nennen, prinzipiell unterschätze. Aber weder der eine noch der andere darf die Forschung von dem Versuch zurückhalten, neue Wege zu gehen, wenn diese sich aufdrängen.

Im übrigen hoffe ich, daß die Thesen, die ich hier vertrete, vor allem auch die auf die *Absicht* des Evangelisten bezüglichen, der Exegese seines Werkes dienen, das in theologischer Vertiefung im irdischen Leben Jesu Höhepunkt und Zusammenfassung der göttlichen Offenbarung an die Menschen sieht und diese Erkenntnis vermitteln will. So möge diese Arbeit nicht nur „Einleitung" im technischen Sinne bieten, sondern in die Exegese einführen.

München, im Sommer 1974

Oscar Cullmann

Zu danken habe ich allen, die mir während der Herstellung des Manuskripts und der Drucklegung, in München und in Basel, geholfen haben, hier vor allem meiner Schwester und Herrn stud. theol. Ulrich Wilhelm, der auch die Register angefertigt hat.

Basel, Januar 1975   O. C.

INHALT

Wenn wir innerhalb des Urchristentums einen „johanneischen Kreis" identifizieren wollen, müssen wir von der literarischen und theologischen Charakteristik unserer Hauptquelle, des Johannesevangeliums, ausgehen. Die ersten vier Kapitel sind daher diesen Fragen gewidmet.

I. Kapitel

LITERARISCHE EINHEIT, QUELLEN, REDAKTION
DES JOHANNESEVANGELIUMS

Von vornherein stellt uns der Versuch, die Besonderheiten des vierten Evangeliums zu bezeichnen, vor eine Schwierigkeit, die nicht in gleichem Maße für die Erforschung der synoptischen Evangelien gilt. Die Arbeiten, die man heute als redaktionsgeschichtlich bezeichnet, können ein mehr oder weniger genaues Bild von der literarischen und theologischen Eigenart der Verfasser des Markus-, des Matthäus- und des Lukas-Evangeliums vermitteln. Aus dem Johannes-Evangelium dagegen sind mehrere Quellen herausgeschält worden, die bereits ganz charakteristische und jeweils voneinander abweichende Züge aufweisen, ferner aber ist das ganze Evangelium in mehrere aufeinanderfolgende Ausgaben, Redaktionen, zerlegt worden, und jeder von diesen wird ein verschiedener Verfasser und eine verschiedene Tendenz zugeschrieben, nach gewissen Hypothesen sogar eine solche, die der jeweils vorangehenden diametral entgegengesetzt wäre. In diesem letzteren Falle wäre die Benützung des Evangeliums zur Bestimmung eines „johanneischen Kreises" besonders heikel.

Gewiß spricht auch die synoptische Forschung im Zusammenhang mit dem synoptischen Vergleich und den formgeschichtlichen Untersuchungen von Quellen. Aber in der neueren johanneischen Forschung ist die literarische Einheit des uns vorliegenden Evangeliums in ganz anderer Weise aufgelöst worden. Wenn ich mich in den folgenden Kapiteln bemühe, die johanneische Art und Weise der Leben-Jesu-Darstellung und die sie implizierende Theologie zu charakterisieren, wird man daher versucht sein zu fragen, von welchem der Dokumente, deren Existenz postuliert wird, ich überhaupt spreche, so daß ein derartiger Versuch a priori in Frage gestellt werden kann. Deshalb müssen wir mit der Aufzeigung dieses Problems beginnen.

Seit langem hat man Unausgeglichenheiten innerhalb des Evangeliums festgestellt: Verse oder sogar ganze Kapitel, die sich inhaltlich nicht gut aneinander reihen, gewisse Besonderheiten in Stil und Wortschatz einiger Abschnitte, Abweichungen in theologischen Begriffen und Auffassungen. Andererseits fällt auch die historische Bewertung verschieden aus: gewisse

1 Cullmann, Kreis

Angaben des Evangeliums scheinen von sehr alten Traditionen herzurühren, die zum Teil sogar historisch besser sind als die der synoptischen Evangelien, andere stellen im Gegenteil ein im Vergleich mit den Synoptikern eher fortgeschrittenes Stadium in der Entwicklung der Tradition dar.

Drei Lösungen sind vorgeschlagen worden, um diesen Tatbestand zu erklären:

1. Das gegenwärtig vorliegende Werk sei das Ergebnis verschiedener aufeinanderfolgender Ausgaben, Redaktionen.

2. Mehr oder weniger gut assimilierte Quellen wären dem Evangelium einverleibt worden.

3. Eine Verwechslung der Blätter hätte an gewissen Stellen eine Unordnung geschaffen, die aber eine ursprüngliche Reihenfolge erkennen lasse, in der jene Schwierigkeiten verschwinden.

Gewöhnlich sind die drei Erklärungstypen miteinander verbunden.

J. Wellhausen[1], der Meister der alttestamentlichen Wissenschaft, hat viel dazu beigetragen, die Untersuchungen über das Johannes-Evangelium in eine solche Richtung zu lenken, indem er mutatis mutandis auf diese Schrift die Methoden alttestamentlicher Quellenforschung anwandte. Er fand darin einen Nachfolger in E. Schwartz[2]. Am weitesten geht in dieser Richtung der Kommentar Rudolf Bultmanns[3].

Wir sehen uns nun nacheinander die drei Lösungen näher an:

1. Pluralität der Redaktionen

Die letzten Verse des Kapitels 21 legen selbst die Annahme nahe, daß ein Schüler oder mehrere Schüler des Verfassers das Evangelium nach dessen Tod veröffentlicht haben: ein Hinweis auf die Existenz eines johanneischen „Kreises". In der Tat ist der hier Sprechende verschieden von dem, der das übrige Evangelium geschrieben hat. Denn er gibt über diesen eine Erklärung ab: „Das ist der Jünger, der diese Dinge bezeugt und sie aufgeschrieben hat, und *wir* wissen, das *sein* Zeugnis wahr ist" (21,24). Da der letzte Vers des vorhergehenden Kapitels (20,31) deutlich das ganze Werk abschließt, ist es sehr wahrscheinlich, daß das ganze Kapitel 21 von diesem gleichen Redaktor — vielleicht ist es mehr als einer — hinzugefügt worden ist; was nicht ausschließt, daß er die in diesem Kapitel berichtete Erzählung von der Erscheinung Christi am See Tiberias schriftlich fixierten oder mündlichen Erinnerungen seines Meisters, des Verfassers, selbst entnommen hat.

Von da aus liegt die Vermutung nahe, der gleiche Redaktor oder die

---

[1] *J. Wellhausen*, Das Evangelium Johannis, 1908 (Annahme einer „Grundschrift". So auch, aber mit ganz anderer historischer Bewertung *F. Spitta*, Das Johevg. als Quelle des Lebens Jesu, 1910, siehe unten S. 102 Anm. 10).

[2] *E. Schwartz*, Aporien im 4. Evangelium, 1907/08.   [3] Siehe Komm.

gleichen Redaktoren hätten sich nicht mit diesem Postskriptum begnügt, sondern hätten gleichzeitig das ganze Werk, also die Kapitel 1—20, umgestaltet. So rechnen ungefähr alle Kommentatoren heute zumindest mit *einer* Endredaktion des *ganzen* Evangeliums. Es könnte auch sein, daß der Verfasser gestorben wäre, bevor das Werk vollendet war, so daß die Endredaktion zugleich die Vervollständigung vorzunehmen gehabt hätte[4]. Eine Möglichkeit der Erklärung bietet sich so für die meisten Unebenheiten, die man innerhalb der Kapitel 1—20 feststellen kann.

Einige unter diesen scheinen besonders auffällig. In diesem Zusammenhang zitiert man besonders das Beispiel der Abschiedsreden Kapitel 14—17. Am Ende von Kapitel 14 (V. 31) lesen wir: „Steht auf, wir wollen von hier fortgehen." Nun ist man aber überrascht, daß nach diesen Worten die Jünger nicht aufstehen, sondern daß im folgenden Vers Jesus fortfährt: „Ich bin der rechte Weinstock" und daß noch drei lange Kapitel folgen. Erst am Ende der Abschiedsreden (Kapitel 18,1) wird die Erzählung wieder aufgenommen mit den Worten: „Nachdem Jesus dies gesagt hatte, ging er mit den Jüngern auf die andere Seite des Baches Kidron." Dieser Vers ist sehr gut verständlich als direkte Fortsetzung der Aufforderung von Kapitel 14, 31. In diesem Fall wäre alles, was zwischen diesen beiden Versen steht, also Kapitel 15—17, nachträglich eingeschoben worden. Rührt der Einschub vom Verfasser selbst oder von dem Redaktor her, der in Kapitel 21,24 ff. spricht[5]?

Eine große Anzahl von Erklärern nehmen für das ganze Evangelium mehr als nur *eine* Redaktion an und schreiben jeder von ihnen eine besondere literarische oder theologische Zielsetzung zu. Die verschiedenen Hypothesen weisen zahlreiche Varianten auf. Die einen verteilen die Redaktionen auf verschiedene Verfasser, andere (besonders W. Wilkens[6], bis zu einem gewissen Grad auch R. E. Brown[7]) meinen, der Evangelist selbst habe sein Werk mehrere Male umgebaut, bevor der letzte Herausgeber die endgültige Revision vorgenommen habe.

Wenn man einmal mit der Möglichkeit einer oder sogar mehrerer Umarbeitungen rechnen muß, so steht der Weg für sehr verschiedene Versuche offen, das Evangelium zu zerlegen. Die zahllosen Lösungen, über die sich

---

[4] So u. a. auch *F. M. Braun*, Jean le Théologien et son évangile dans l'Eglise ancienne, 1959, S. 24 f. — Allerdings scheint die Tatsache, daß Kap. 21 nur angehängt und nicht ins Kap. 20 eingeschoben wurde, darauf hinzuweisen, daß grosso modo die Kap. 1—20 als abgeschlossen und dem Plan des Evangeliums entsprechend angesehen wurden. So auch *B. Lindars*, Behind the Fourth Gospel, 1971, S. 18.

[5] *J. Becker*, Die Abschiedsreden Jesu im Johannesevangelium, ZNW 1970, S. 215 unterscheidet hier mehrere Redaktionen.

[6] *W. Wilkens*, Die Entstehungsgeschichte des 4. Evangeliums, 1958.

[7] Siehe Komm., S. XXXVI (die vierte der von ihm angenommenen Entstehungsphasen).

eine gute Übersicht bei R. E. Brown[8] und R. Schnackenburg[9] findet, —
ihre Zahl hat sich seither noch vermehrt[10] — stimmen meistens nicht
miteinander überein. Die Notwendigkeit, sich eine gewisse Zurückhaltung
auf diesem Gebiet aufzuerlegen, erweist sich als um so notwendiger. Gewiß darf uns die verwirrende Abweichung zwischen den verschiedenen
Vorschlägen nicht daran hindern, in der Erklärung gewisser johanneischer
Stellen die Hypothesen über redaktionelle Umarbeitungen zu erwägen,
aber immerhin ist dieses Auseinandergehen so weitreichend, daß eine größere Vorsicht geboten sein sollte. Der Kommentar Schnackenburgs bemüht sich sehr in diesem Sinne. Das stellen wir besonders fest, wenn wir
ihn etwa mit dem Bultmanns vergleichen, der einem „kirchlichen" Redaktor eine ganz radikale Umarbeitung zuschreibt, die (z. B. was die Einführung des Sakramentalismus und der futurischen Eschatologie betrifft)
der Absicht des ursprünglichen Evangeliums, das einen gnostischen Hintergrund habe, direkt zuwiderlaufe. Auf andere Weise glaubt auch R. E.
Brown mit einer ziemlich großen Präzision mehrere Redaktionen gegen-
einander abgrenzen zu können.

Die kritische Prüfung aller derartiger Zerlegungsversuche sollte doch
auch die Tatsache berücksichtigen, daß die moderne Logik und Denk-
methode nicht unbedingt die gleichen sind wie die eines urchristlichen
Denkers[10a]. Anstatt nacheinander einen Gedanken auf dem anderen auf-
zubauen, betrachtet er eher eine gleiche Wahrheit unter verschiedenen
Gesichtswinkeln, so daß uns manche Abschnitte entweder als unerträgliche
Wiederholungen oder als unvereinbare Widersprüche vorkommen, die aber
als solche nicht nur von einem Redaktor, sondern auch von einem ursprünglichen Verfasser nicht unbedingt als solche empfunden wurden.

Besonders aber ist jeder zu weit gehenden Unterscheidung verschiedener
Redaktionen wie auch derjenigen verschiedener Quellen, von der wir nachher sprechen, eine Grenze durch die Feststellung einer gewissen unbestreitbaren Einheit gesetzt, wie wir sie durch das ganze Evangelium hindurch
verfolgen können: Einheit der Sprache, Einheit des Stils, aber auch Einheit
der theologischen Absicht.

Ed. Schweizer[11] und E. Ruckstuhl[12] haben sich vor allem gegenüber Bult-

---

[8] Siehe Komm., S. XXIV.   [9] Siehe Komm., S. 32 ff.
[10] Siehe *A. Moda*, Quarto Vangelo 1966—1972, Riv. Bibl. Italiana 1974,
S. 53 ff. und *H. Thyens* Bibliographie in Aus der Literatur zum Johannesevangelium, Th. R. 1974, S. 4 ff.
[10a] So auch *Ed. Meyer*, Ursprung und Anfänge d. Christentums, I, 1921,
S. 310 f.
[11] *E. Schweizer*, Ego eimi 1939. Im Vorwort zur 2. Aufl. 1965 hält der Verfasser in einem „Rückblick auf mehrere Jahrzehnte wissenschaftlicher Arbeit"
zwar an seiner These fest, macht jedoch eine Ausnahme für den Prolog und
die Wundergeschichten.
[12] *E. Ruckstuhl*, Die literarische Einheit des Johannesevangeliums, 1951.

mann bemüht, einen einheitlichen Stil nachzuweisen. Ihre Folgerungen sind für die Beurteilung aller anderen Aufteilungen in Betracht zu ziehen. Ebenso wichtig scheint mir aber die Möglichkeit, eine einheitliche *Absicht* nicht erst als letzte Überarbeitung des ganzen Werkes, sondern in allen Teilen sozusagen als bleibende Konstante nachzuweisen. Deshalb ist mir das, was ich im folgenden Kapitel über die Absicht des Evangelisten ausführen werde, von besonderer Bedeutung. Wenn hinter dieser Absicht eine sehr starke Persönlichkeit in Erscheinung tritt, deren Gegenwart überall zu verspüren ist, so sollte man zumindest zögern, die Konzipierung dieser Absicht einem bloßen Redaktor zuzuschreiben. Auch da, wo ein Redaktor zu postulieren ist, muß gefragt werden, ob er nicht unter dem Einfluß jener Persönlichkeit steht, so daß sein individueller Beitrag abgesehen von Einzelfällen nicht übertrieben werden darf. Aus diesem Grund denken ja auch, wie schon erwähnt, viele Forscher, die zwar auch eine zum Teil weitgehende Aufteilung in verschiedene Redaktionen befürworten, an Redaktionen, die von dem Verfasser *selbst* vorgenommen worden wären. Für das 21. Kapitel ist diese Annahme besonders häufig. Hier kommt es mir aber überhaupt nur darauf an, nicht etwa verschiedene von anderen vorgenommene Redaktionen auszuschließen, sondern schrankenlosen, aller Selbstkritik baren Vorschlägen einen gewissen Riegel vorzuschieben. Für die Exegese sowie die Bestimmung des Ursprungs und des Verfassers des Evangeliums sind die Unterscheidungen von Redaktionen nicht so sicher, daß wir sie zum *Ausgangspunkt* aller Erörterungen nehmen könnten[13]. Den neueren Versuchen gegenüber, mehrere Ausgaben genau voneinander abzugrenzen, stellt sich oft die Frage, welcher der Verfasser der vermuteten Redaktionen nun die Bezeichnung „Evangelist" verdient. Die Entscheidung erscheint in jenen Versuchen oft willkürlich.

Immerhin halten wir aber fest, was für die Annahme eines „johanneischen Kreises" wichtig ist: der Verfasser hatte Schüler um sich, die bei der Herausgabe und Revision des Evangeliums als Redaktoren in Erscheinung treten. Es läßt sich nun weiter zeigen, daß er sich schon vor und während der Abfassung seines Werkes auf eine Gruppe Gleichgesinnter, vielleicht sogar schriftlicher Aufzeichnungen dieser, stützen konnte. Das führt uns zum Problem der Quellen.

2. Quellen

Hier gilt zunächst eine analoge Bemerkung wie für die Frage nach den Redaktoren. Wenn eine einheitliche Absicht, die eine starke Persönlichkeit verrät, in allen Teilen durchdringt und auch den Stil überall ge-

---

[13] Große Zurückhaltung übt auch *C. K. Barrett*, Komm., in gewissem Sinne doch auch *Wellhausen*, op. cit. (gegenüber der Abgrenzung der „Grundschrift").

prägt hat, ist dann eine mehr oder weniger unbesehene Übernahme ganzer Quellen möglich oder ist nur mit einer sehr persönlichen Benützung solcher Quellen durch den ursprünglichen Verfasser zu rechnen? Dabei sind aber auch weitere Aspekte zu berücksichtigen.

Da das Johannes-Evangelium gemeinsame Züge mit den *synoptischen* Evangelien, besonders mit Lukas, aufweist, stellt sich zunächst die Frage, ob es sie gekannt hat oder ob es sich zumindest des einen oder anderen unter ihnen bedient hat. Zunächst aber muß betont werden, daß nirgends, nicht einmal in der Leidensgeschichte, die literarische Verwandtschaft so ist, daß ein *literarisches* Verhältnis angenommen werden *müßte,* das mit demjenigen vergleichbar wäre, das zwischen den einzelnen Synoptikern selbst besteht. Man hat freilich geltend gemacht, einerseits, daß der Evangelist die Kenntnis der Synoptiker voraussetze, z. B. wenn im Kapitel 1,40 Andreas als der Bruder des Petrus vorgestellt wird, wo doch noch gar nicht die Rede von Petrus gewesen ist; anderseits, daß er an anderen Stellen ausdrücklich eine Angabe der Synoptiker zu korrigieren scheint, so z. B. in Kapitel 3,24, wonach Johannes der Täufer in einem gewissen Augenblick noch nicht ins Gefängnis geworfen worden wäre. Aber in dem einen wie dem anderen Fall genügt die Annahme, daß der Verfasser die *Tradition* gekannt hat, die den Synoptikern zugrunde liegt, ohne daß notwendigerweise auf eine *synoptische Schrift* Bezug genommen wäre[14].

Im übrigen aber ist die johanneische Leben-Jesu-Darstellung völlig verschieden, sowohl was den geographischen Rahmen betrifft (mehrere Reisen nach Jerusalem statt nur einer, mehrere Aufenthalte in Judäa statt nur eines) als was den chronologischen Rahmen betrifft (öffentliche Tätigkeit Jesu während 2 oder 3 Jahren — nach der Zahl der erwähnten Osterfeste — statt eines einzigen). Der Unterschied von den Synoptikern ist hier so groß, und zwar im allgemeinen ohne daß die Abweichung immer hervorgehoben wäre, daß man in den parallelen Stücken heute mehr und mehr dazu neigt, für das Johannes-Evangelium eine von den *geschriebenen* synoptischen Evangelien *unabhängige* Benützung einer gemeinsamen Tradition anzunehmen[15].

Abgesehen von den Synoptikern und der synoptischen Tradition rechnet man mit einer Benützung *johanneischer Sonderquellen*, und man bemüht

---

[14] Siehe *P. Gardner-Smith*, St. John and the Synoptic Gospels, 1938. — Abhängigkeit von Markus und Lukas nehmen an: *C. K. Barrett*, Komm. und *W. G. Kümmel*, Einleitung ins Neue Testament, 17. Aufl. 1973, S. 168 f.; nur von Markus: *R. M. Grant*, The Fourth Gospel and the Church, HThR 1942, S. 95 ff.

[15] Gemeinsamkeit zeigen vor allem die Lukasparallelen, besonders deutlich in der Leidensgeschichte. Eine Abhängigkeit des Johannesevangeliums von Lukas nimmt *J. A. Bailey*, The Traditions Common to the Gospels of Luke and John, 1963 an. — *M.-E. Boismard*, St. Luc et la rédaction du 4ᵉ évangile (R. B. 1962, S. 185 ff.) identifiziert den Schlußredaktor geradezu mit Lukas.

sich vielfach, solche zu identifizieren. Besonders Bultmann hat sich diese Aufgabe gestellt und ist zu erwägenswerten Ergebnissen gelangt. Er unterscheidet nach andern[16], indem er sich auf die Tatsache stützt, daß in Kapitel 2,11 und 4,54 die Wunder *gezählt werden*, zunächst eine Quelle von 7 σημεῖα — Wundergeschichten (Semeia-Quelle); außerdem eine Quelle von Reden mit gnostischem Charakter, die die Offenbarung zum Gegenstand haben. Die beiden wären verknüpft mit der Leidensgeschichte. R. T. Fortna hat neuerdings sogar versucht, die Semeia-Quelle Vers für Vers zu rekonstruieren[17], und zwar in Form eines Evangeliums von der Art der Synoptiker, das aber unabhängig von diesen wäre, nicht sehr alt, und das, nach einer Einleitung über das Zeugnis des Johannes des Täufers und die Berufung der ersten Jünger, die Wunder und das Leiden Jesu erzähle, ohne seine Lehre wiederzugeben. Vor Fortna hat H. Becker[18] sich bemüht, die andere von Bultmann angenommene Quelle, die der Offenbarungsreden, näher zu bestimmen.

Die Einheit in Stil, Sprache und Absicht, wie wir sie für die Beurteilung der Aufteilung in Redaktionen in Betracht gezogen haben, ist nun auch hier zu berücksichtigen[19]. Sie schließt gewiß die Möglichkeit einer Benützung geschriebener Quellen durch den Verfasser des Evangeliums nicht aus, aber sie läßt doch alle Versuche, sie in ihren Umrissen zu *identifizieren*, problematisch erscheinen, auch wenn Fortna sich um die methodische Frage bemüht und seine eigene Statistik in Widerspruch zu derjenigen Ruckstuhls zu setzen sucht. C. H. Dodd[20] hatte bereits gegen Bultmanns Quellenscheidung auf das enge Band hingewiesen, das zwischen den Wundern und den Reden besteht.

Ich ziehe es vor, auch hier eher von johanneischen Sonder*traditionen* als von johanneischen Quellen zu sprechen. Der Verfasser hat also einerseits eine *allen* Zweigen des Urchristentums *gemeinsame* und uns durch die Synoptiker vertraute Tradition gekannt, anderseits eine uns vor allem interessierende *Sondertradition*, die ihm in dem *besonderen Kreis*, dem er

---

[16] Vor allem *A. Faure*, Die at. Zitate im 4. Evangelium und die Quellenscheidungshypothese, ZNW 1922, S. 99 ff.

[17] *R. T. Fortna*, The Gospel of Signs. A Reconstruction of the Narrative Source underlying the Fourth Gospel 1970. — Mit der Semeia-Quelle rechnet auch *J. Becker*, Wunder und Christologie, NTS 1969/70, S. 130 ff., wobei er sich bemüht, ihr theologisches Anliegen herauszustellen. — Siehe auch *A. Dauer*, Die Passionsgeschichte im Johannesevangelium 1972, der für die Leidensgeschichte auf ähnliche Weise eine Quelle rekonstruiert.

[18] *H. Becker*, Die Reden des Johannesevangeliums und der Stil der gnostischen Offenbarungsrede, 1956. Siehe dazu den Forschungsbericht von *J. M. Robinson*, Die johanneische Entwicklungslinie in *H. Köster* und *J. M. Robinson*, Entwicklungslinien durch die Welt des frühen Christentums, 1971, S. 223 ff.

[19] Siehe allerdings den Vorbehalt, den *E. Schweizer* für die Wundergeschichten zu seiner eigenen These nachträglich macht. Siehe oben S. 4 Anm. 11.

[20] *C. H. Dodd*, The Interpretation of the Fourth Gospel, 1953.

angehörte, zur Verfügung stand. B. Noack[21] hat die Aufmerksamkeit auf
die mündliche johanneische Tradition gezogen, aber wir können mindestens mit der Möglichkeit rechnen, daß diese *partiell* auch schon schriftlich
fixiert gewesen sein mag.

Wahrscheinlich hat diese Tradition schon eine Entwicklung im Augenblick durchgemacht, wo das Johannes-Evangelium abgefaßt wurde. Man
könnte daher im Prinzip daran denken, eine Geschichte der johanneischen
Tradition zu skizzieren, die den Arbeiten der Formgeschichte vergleichbar
wäre, wie sie von Bultmann an der synoptischen Tradition vorgenommen
worden ist[22].

In den folgenden Kapiteln werden wir Gelegenheit haben, wenn nicht
von einer besonderen *Schule*, so doch von einer wichtigen *Sondergruppe*
innerhalb des Christentums des 1. Jahrhunderts zu sprechen, die einen von
dem synoptischen verschiedenen Typus vertrat. In dieser Gruppe müssen
besondere Traditionen über Leben und Lehre Jesu lebendig gewesen sein,
und wie jede mündliche Tradition müssen diese eine Entwicklung durchgemacht haben. Jedoch ist die Situation nicht die gleiche wie bei der
synoptischen Tradition, insofern als der Verfasser dieses Evangeliums mehr
ist als bloßer Sammler, mehr als Sprecher für eine durch diese Gemeinschaft überlieferte Tradition. Er hat sich nicht damit begnügt, diese Tradition nach gewissen individuellen Gesichtspunkten wiederzugeben, die man
mittels der sog. Redaktionsgeschichte untersuchen kann. Er muß im Gegenteil in ganz anderer Weise, wie wir noch näher feststellen werden, eine
sehr starke literarische und theologische Persönlichkeit gewesen sein, wie
sie mit der keines anderen Evangelisten zu vergleichen ist.

Ihm eignet das Bewußtsein, einerseits über historische Sondertraditionen
zu verfügen, andererseits — wenn, wie ich meine, die Abschiedsreden (Kapitel 14—17), jedenfalls ihrem Inhalt nach, von ihm stammen — vom „Geist
der Wahrheit" inspiriert zu sein, um die tiefere Bedeutung und Tragweite
dieser Tatsachen zu offenbaren, so daß er souverän die Reden Jesu weiterführen kann. Dieses Bewußtsein, auf das wir noch öfter zu sprechen kommen, verleiht ihm eine *Vollmacht*, wie wir sie bei keinem anderen Evangelisten finden. Auch wenn der Verfasser geschriebene oder mündliche Traditionen benützt hat, so hat er sie jedenfalls ganz seinem Zweck angepaßt
und ihnen damit ein sehr eigenes Gepräge gegeben.

Die Beobachtung eines bestimmten „*Rhythmus*", der gewisse Teile der
Reden und besonders des Prologs kennzeichnet, könnte vielleicht als Kriterium dafür dienen, einerseits um die rhythmischen Verse als einer Quelle
zugehörig zu identifizieren, anderseits um umgekehrt die Prosastücke, die
den Rhythmus unterbrechen, als spätere Zusätze zu bezeichnen, die ent-

---

[21] *B. Noack*, Zur johanneischen Tradition, 1954.

[22] Zu diesem Versuch siehe *O. Merlier*, Le 4e évangile. La question johannique, 1961.

weder vom Evangelisten oder vom späteren Redaktor vorgenommen worden wären. Aber auch hier befinden wir uns auf einem zu unsicheren Boden, um dieses Mittel mit einer allzu großen Selbstsicherheit zu benützen[23].

Wir kommen also zu einem analogen Schluß wie für die Redaktion: die Quellen legen die Annahme eines johanneischen Kreises nahe, und zwar schon für die Lebenszeit des Verfassers. Letzterer muß aber innerhalb der Gruppe eine *überragende* Rolle gespielt haben.

3. Herstellung einer ursprünglichen Ordnung mittels Verschiebung von Versen und Kapiteln

Es steht fest, daß gewisse Unausgeglichenheiten des gegenwärtigen Textes verhältnismäßig leicht korrigiert werden können, wenn man die jetzige Reihenfolge der Verse und sogar der Kapitel ändert. In der Exegese muß in jedem einzelnen Fall diese Möglichkeit geprüft werden. So schlägt auch ein so umsichtiger Exeget wie R. Schnackenburg in seinem Kommentar vor, die Kapitel 5 und 6 umzustellen. Lange vor ihm hatte schon J. H. Bernard[24] derartige Umstellungen in seinem Kommentar vorgenommen. Diese Methode ist bei R. Bultmann besonders weit vorgetrieben worden. Obwohl sie im Prinzip zur Aufstellung von Hypothesen legitim ist, erfordert ihre Anwendung doch ebenfalls eine gewisse Zurückhaltung. Denn wie wir schon bemerkt haben, entspricht einerseits das, was wir als logische Reihenfolge ansehen, nicht unbedingt dem Vorgehen und Denken des Verfassers[25]. Anderseits handelt es sich darum, zu erklären, wie die behauptete gegenwärtige Unordnung, die im übrigen von allen Handschriften bezeugt ist, zustande kommen konnte, wenn vorher alles in logischer Ordnung war[26]. Gewöhnlich sind keine theologischen Gründe dafür ersichtlich. Soll man, wie J. H. Bernard nach andern vorgeschlagen hat, an einen unglücklichen Zufall denken, an eine Verwechslung der Blätter? Dazu ist zuerst zu sagen, daß eine Verwechslung von Blättern schwerer möglich wäre, vom Augenblick an, wo eine Rolle vorläge. Aber selbst wenn wir mit unverbundenen Blättern rechnen, dürfen wir nicht vergessen, daß diese meistens mitten in einem Satz enden, der auf dem folgenden Blatt fortgesetzt ist, so daß die Verwechslung doch leicht bemerkbar gewesen wäre. Wenn die gegenwärtige Ordnung bzw. Unordnung nicht ursprünglich ist, wird man sie eher einer ungeschickten Redaktion zuschreiben, obwohl auch diese Erklärung problematisch ist.

---

[23] Siehe unten S. 28 f.   [24] Siehe Komm.
[25] Siehe oben S. 4.
[26] Ist sie nicht in gewissem Sinne die „lectio difficilior" und als solche ursprünglich?

4. Schlußfolgerung

Eine gewisse Zurückhaltung, die für die Exegese als Disziplin zu empfehlen ist, gilt auch bei der Untersuchung der Entstehung des Evangeliums
und der Charakterisierung des johanneischen Kreises für die Gesamtheit
der hier aufgeworfenen literarischen Probleme: Redaktion, Quellen,
etwaige Umstellungen. Wenn man auch in der Einzelerklärung gewisser
Stellen innerhalb des Evangeliums die Annahme eines Eingriffs seitens
des Endredaktors oder einer Gruppe von Endredaktoren oder sogar von
Zwischenredaktoren durchaus erwägen muß, auch die Hypothese der Verwendung von Quellen, ferner die einer in Unordnung geratenen ursprünglichen Reihenfolge, so müssen wir uns doch ihres hypothetischen Charakters bewußt sein. Nicht nur für die Auslegung, sondern auch für die
Eruierung des Ursprungs unseres Evangeliums scheint es mir geboten, die
unvermeidlichen literarischen Voraussetzungen soviel wie möglich zu redu-
zieren. So scheint mir die Annahme von fünf literarischen Entwicklungs-
phasen, wie sie der in vieler Hinsicht sehr gute neue englische Kommentar
des Amerikaners R. E. Brown[27] annimmt, zu weit zu gehen. Ich schlage
folgenden literarischen Entstehungsprozeß vor[28]:

1. Der Verfasser, eine starke Persönlichkeit, hat sich sowohl solcher Traditionen bedient, die zu dem gemeinsamen Erbgut des Urchristentums
gehören, als auch gewisser Sondertraditionen, schriftlich fixierter oder
mündlicher, die aus dem bestimmten Kreise stammen, dem er angehört.
Neben Sondertraditionen dürfen hier auch persönliche Erinnerungen des
Verfassers nicht *a priori* ausgeschlossen werden.

2. Er ist verantwortlich für die hauptsächlichen Umrisse des Werkes, so
wie es uns vorliegt.

3. Ein Redaktor oder eine Redaktionsgruppe, die unter dem Einfluß des
Verfassers stand und zu dessen Kreis gehörte, hat nach dessen Tode das
ganze Werk revidiert, bzw. vervollständigt.

In den folgenden Kapiteln werden wir also weiterhin von der Absicht
des Evangeliums als *solchem* und von den übrigen allgemeinen Aspekten
des Evangeliums als *solchen* sprechen, obwohl wir wissen, daß es von älteren Traditionen abhängig ist, daß zumindest *ein* Redaktor, der, welcher
das 21. Kapitel hinzugefügt hat, das Werk herausgegeben und revidiert
hat. Wir legen uns Rechenschaft ab, daß auch bei einer solchen Reduzie-
rung Fehlerquellen nicht zu vermeiden sind. Sie sind aber weniger groß,
als wenn wir a priori eine in ihrer *Präzisierung* problematische Scheidung
als festen Ausgangspunkt nehmen.

---

[27] S. XXXIV.

[28] A posteriori mag es natürlich für den Exegeten geboten sein, im Verlauf der
Erklärung an diesem Schema Korrekturen vorzunehmen und da und dort stärker zu präzisieren.

Die Vorsicht, die wir beobachten, bevor wir zwischen dem Verfasser des Evangeliums, dem Redaktor oder den Redaktoren und den Quellen unterscheiden, entspringt keineswegs einem grundsätzlichen Konservatismus, sie entspringt nicht einer Mißachtung kritischen Sinnes, sondern im Gegenteil einer Sorge um Objektivität und dem Bemühen, im Rahmen des Möglichen — Hypothesen sind unvermeidlich und können als Arbeitshypothesen die Forschung fördern — eine zu große Willkür zu vermeiden. Angesichts der oft widersprüchlichen Ergebnisse gewisser Untersuchungen[29] scheint mir das Risiko, dem Verfasser zu viel wegzunehmen zugunsten der Redaktion, zumindest ebenso groß, wenn nicht größer als dasjenige, ihm zuviel zuzuschreiben. Denn wir müssen ihm die Fähigkeit zuerkennen, ältere Traditionen und sogar Quellen gemäß seinen eigenen Absichten und Tendenzen ausgewählt und verwertet zu haben. Anderseits sollte folgende Erwägung beachtet werden: wenn eine Auffassung, die von den Kommentaren gewöhnlich aufs Konto eines späteren Redaktors gesetzt wird, diesem nicht *unvereinbar* mit anderen Aussagen des ursprünglichen Evangeliums erschien, ist es dann wirklich in gewissen Fällen so viel schwieriger anzunehmen, der Verfasser des ursprünglichen Evangeliums habe diese Kombination *selbst* schon vorgenommen?

Wenn wir zum Schluß im Hinblick auf das Problem des johanneischen Kreises die Frage stellen, worin sich die überragende Persönlichkeit des Evangelisten von den übrigen Gliedern seiner Gruppe unterscheidet, so werden wir hier, abgesehen von seinem außergewöhnlichen Format, die Absicht nennen, *ein Leben Jesu* zu schreiben, d. h. für die theologischen Anschauungen der Gruppe in einem Evangelium nicht nur einen äußeren, rein literarischen Rahmen zu schaffen, sondern zu zeigen, wie diese Anschauungen erst in einer Darstellung des Lebens des Inkarnierten in *ihrer Tragweite erkannt werden*. Die Konzeption dieser Darstellung ist sein Werk. Die einzelnen theologischen Grundlagen teilt er mit dem ganzen Kreis.

Die Feststellung der Absicht des Evangeliums, zu der wir jetzt übergehen, ist daher besonders wichtig für beide.

---

[29] Womit nicht gesagt sein soll, sie seien deshalb unnötig.

II. Kapitel

DIE ABSICHT DES EVANGELISTEN

Um die vom Verfasser bei der Abfassung eines Lebens Jesu verfolgte Absicht zu kennen, könnte man versucht sein, sich mit den Worten des Evangeliums selbst in Kapitel 20,31 zu begnügen: „Diese Dinge sind aufgeschrieben worden, damit ihr glaubt, daß Jesus der Messias, der Sohn Gottes ist und ihr im Glauben an seinen Namen Leben habt." Diese Erklärung ist jedoch so allgemein, daß es nicht möglich ist, ihr eine nähere Bezeichnung der Absicht zu entnehmen. In der Tat hat man von ihr aus dem Verfasser die unterschiedlichsten Absichten unterschoben. Sie gibt nur den allgemeinen Rahmen ab, innerhalb dessen die Lösung gesucht werden muß.

Die Kommentatoren, die meinen, die genauen Begrenzungen und theologischen Tendenzen verschiedener Ausgaben aufzeigen zu können, bemühen sich, die Gründe zu präzisieren, aus denen der oder die Redaktoren in jeder besonderen Ausgabe die vorhergehende verändert hätte. So betrachtet R. Bultmann den Evangelisten als einen ehemaligen gnostischen Schüler der Sekte Johannes des Täufers, der sich darum bemüht hätte, seinen Gnostizismus dem Glauben an Jesus Christus anzupassen. Der sog. „kirchliche" Redaktor hätte ein viel radikaleres Ziel verfolgt, nämlich die gnostische Orientierung des Evangeliums durch Einführung kirchlicher Glaubensanschauungen zu beseitigen, die denen des ursprünglichen Autors direkt entgegengesetzt gewesen wären. Durch die „futurische Eschatologie" hätte er die „realisierte", durch den Sakramentalismus eine antisakramentelle Tendenz des ursprünglichen Evangeliums ersetzt. Wir haben im vorhergehenden Kapitel gesagt, daß eine allzu präzise Aufteilung des Evangeliums in Quellen und verschiedene Redaktionen schwer durchführbar ist. Der gleiche Vorbehalt ist gegenüber der Unterscheidung der verschiedenen Absichten zu machen, die von den Autoren der verschiedenen hypothetisch angenommenen Dokumente verfolgt worden wären.

Der gnostische Charakter, den man in der Nachfolge R. Bultmanns dem Evangelium zuschreiben will, ist ein Hauptmotiv, das auch anderen Versuchen, die Absicht des Evangelisten zu bestimmen, zugrunde liegt. Während aber nach Bultmann der ursprüngliche Gnostizismus des Verfassers auf Grund seiner Bekehrung zu Christus immerhin stark gewandelt ist, handelt es sich für E. Käsemann nach wie vor um ein gnostisches Evangelium, und er geht sogar so weit, zu behaupten, der Verfasser habe die Kühnheit besessen, mit seinem Evangelium seinen Gnostizismus der Christenheit seiner Zeit aufdrängen zu wollen[1]. Käsemanns Schülerin L. Schottroff geht den gleichen Weg[2] (wir werden vom sog. „Gnostizismus" des Johannes-Evangeliums zu sprechen haben[3]).

Fest steht, daß der Verfasser anderes über das Leben Jesu zu sagen hat als das, was andere vor ihm gesagt haben. Er hat diese Gewißheit, weil er einerseits Sondertraditionen über die Ereignisse kennt, anderseits das Bewußtsein hat, alle Ereignisse theologisch in besonderer Sicht zu beurteilen. Vor allem weiß er sich vom Parakleten inspiriert, vom „Geist der Wahrheit", um sich alles dessen zu „erinnern", was Jesus gesagt und getan hat. Wir kommen auf dieses „Erinnern", die besondere Mission, mit der sich der Evangelist offenkundig beauftragt weiß, um ein *neues* Leben Jesu zu schreiben, noch zu sprechen[4].

Ich gehe allerdings nicht so weit wie H. Windisch[5], zu behaupten, der Verfasser habe auf Grund dieses Bewußtseins die Absicht, die synoptischen Evangelien mit dem seinen zu verdrängen. Wir haben angenommen, daß er zwar die synoptische Tradition, aber wahrscheinlich nicht die synoptischen *Schriften* gekannt hat. Wohl aber stimmt es, daß er sich bewußt ist, über die synoptische *Tradition* hinaus Neues zu bringen. Wir können hier mehr ins einzelne gehen, wenn wir in dem Kapitel über die Umwelt den besonderen Kreis charakterisieren, dem der Verfasser angehört. Er will also die Synoptiker, die er wahrscheinlich nicht kennt, nicht verdrängen, wohl aber will er anderes sagen als die Tradition, die ihnen zugrunde liegt. Das Christusbild ist nicht ein absolut anderes, aber es ist in ganz anderer Perspektive gesehen. Es ist, wie wenn ein Dorf, das von anderen von unten beschrieben wird, jetzt von einem hohen Berg aus betrachtet würde. Je nach dem Standort werden andere Aspekte, auch andere Einzelheiten wichtig.

---

[1] *E. Käsemann*, Jesu letzter Wille nach Johannes 17, 1971[3]. Er bestimmt die johanneische Theologie als „naiven Doketismus". Siehe dazu die ausführliche Kritik *G. Bornkamms* in Geschichte und Glaube. Ges. Aufsätze III, S. 104 ff. Zur Interpretation des Johannesevangeliums. Eine Auseinandersetzung mit E. Käsemanns Schrift „Jesu letzter Wille nach Joh. 17". – Siehe unten S. 37 Anm. 28.

[2] *L. Schottroff*, Heil als innerweltliche Entweltlichung. Der gnostische Hintergrund der joh. Vorstellung vom Zeitpunkt der Erlösung, NT 1969, 294 ff. – Der Glaubende und die feindliche Welt. Beobachtungen zum gnostischen Dualismus und seiner Bedeutung für Paulus und Johannes, 1970 (dazu *E. Ruckstuhl*, Das Johannesevangelium und die Gnosis in: Neues Testament und Geschichte, Festschrift für O. Cullmann, 1972, S. 143 ff.).

[3] Siehe unten S. 32 und besonders S. 36 ff.

[4] Siehe unten S. 18 f.

[5] *H. Windisch*, Johannes und die Synoptiker, 1926.

Die schon zitierten Worte aus Kapitel 20,31 sind auch in dem Sinn erklärt worden, daß der Evangelist das Ziel verfolgt habe, Ungläubige zu
bekehren. Für J. L. Martyn[6] steht die Polemik gegen die Juden im Vordergrund. J. A. T. Robinson und van Unnik[7] begrenzen die Empfänger
auf Juden aus der Diaspora. Andere Lösungen sind in großer Zahl vorgeschlagen worden, um die Absicht des Evangeliums zu bestimmen: Polemik
gegen die Juden, Polemik gegen die Häretiker. Ein Wahrheitskern ist in
jeder von ihnen beschlossen. Aber keine scheint mir die zentrale Absicht des
Verfassers zu treffen, der die anderen Absichten unterzuordnen sind.

Der Schluß des Verses 31 des Kapitels 20 fügt hinzu: „und damit ihr im
Glauben an seinen Namen Leben habt". Der Evangelist hat also die gläu-
bige Gemeinde im Auge. Dies kann daher mit R. E. Brown und R. Schnak-
kenburg u. a. als eine *Bestärkung* im Glauben solcher verstanden werden,
die schon an Christus glauben, und in der Tat spricht der Inhalt des Evangeliums zugunsten dieses Verständnisses des Verses. Gerade die Überzeugung, mit der Aufgabe beauftragt zu sein, das Leben Jesu auf *besondere*
Weise zu schreiben, veranlaßt den Evangelisten, den Glauben der Glau-
benden zu stärken[8].

Aber diese besondere Weise möchte ich hier anhand einer genauen Untersuchung des Inhalts des Evangeliums präzisieren. Gleichzeitig können
wir von hier aus das von ihm verfolgte Ziel näher angeben. Ich formuliere
meine These: in jedem Einzelereignis des Lebens des *inkarnierten* Jesus
will der Evangelist zeigen, daß *gleichzeitig* der in seiner *Kirche gegenwärtige Christus* schon am Werke ist. Von jeder Erzählung aus zieht er
also die Linie weiter, die zum auferstandenen Christus führt, der in allen
Betätigungen seiner Gemeinde am Werke ist: im Gottesdienst, in der
Mission, im Kampf mit den ungläubigen Juden und den Häretikern.

In *einer* gleichen Perspektive schaut er jedesmal das bestimmte *ein-
malige* Ereignis zusammen mit dessen Wirkung, die sich nach der Auferstehung Christi kontinuierlich fortsetzt. Diese Perspektive ist also ganz
verschieden von derjenigen des Lukas, der ebenfalls außer dem Leben Jesu
des Inkarnierten das Leben Christi in der Gemeinde der Gläubigen be-
schreibt. Lukas hat sich an die Perspektive der *chronologischen* Aufeinanderfolge gehalten und geht daher anders vor: der *erste Band* erzählt das
vom „historischen" Jesus vollbrachte Werk, der *zweite* dasjenige, das er
durch die Jünger weiterführt. Der Verfasser des Johannes-Evangeliums
dagegen sucht in einer und derselben Perspektive Jesus nach dem Fleisch

---

[6] *J. L. Martyn*, History and Theology in the 4th Gospel, 1968.

[7] *J. A. T. Robinson*, The Destination and Purpose of St. John's Gospel
NTS 1959/60, S. 117 ff. — *W. C. van Unnik*, The Purpose of St. John's Gospel.
Stud. ev. 1959, S. 382 ff.

[8] An besonders Eingeweihte denkt *B. Rigaux*, Les destinataíres du 4e évangile à la lumière de Jean 17, Rev. Théol. Louv, 1970, S. 289 ff.

und den gegenwärtigen Christus zusammenzuschauen. Er schreibt nur *einen* Band. Der Rahmen ist derjenige des Lebens des Inkarnierten.

Hinter dieser theologischen Perspektive steht der große theologische Gedanke: die Offenbarung Gottes im Leben des fleischgewordenen Logos ist der *Höhepunkt* aller göttlichen Offenbarung. Sie ist Höhepunkt und Zentrum allen Heilsgeschehens, das sich *vor* dieser Inkarnation abgespielt hat und das sich *nach* dem irdischen Leben Jesu in seiner Gemeinde *entfalten* wird. Gleichzeitig ist das *ganze* Heilsgeschehen in dieser höchsten Offenbarung *konzentriert*, die in dem irdischen Leben Jesu beschlossen liegt. Diese tiefe Überzeugung bestimmt die Absicht des Evangelisten. So verbindet er das historische Leben Jesu mit den *vorangehenden* Offenbarungen Gottes und mit den *darauffolgenden*. Mit den vorangehenden: mit der Geschichte Israels und darüber hinaus mit der ersten göttlichen Offenbarung in dem Schöpfungswerk. Das Schöpfungswort am Anfang ist das gleiche wie das, das zur bestimmten Zeit Fleisch geworden ist: Selbstmitteilung Gottes an die Welt, Offenbarung. Das ist die gewaltige Verkündigung des Prologs. Besonders aber verbindet der Evangelist jedes besondere Ereignis mit seiner Verlängerung, wie sie sich in der *Gemeinde* kundtut[9].

Aus der Tatsache, daß das Wort ἐκκλησία im Evangelium nicht vorkommt, hat man den falschen Schluß gezogen, der Verfasser würde sich für die Kirche nicht interessieren. In Wirklichkeit ist dieses Interesse beim 4. Evangelisten sogar stärker als bei den anderen. Zunächst handelt es sich freilich um die „johanneische" Sondergemeinde, zu der der Evangelist und seine Jünger gehören. Mit E. Käsemann[10] mag man von einer „ecclesiola in ecclesia" sprechen. Wir werden sehen, daß der Verfasser sich bemüht, den legitimen Charakter der besonderen Ausprägung des Christentums zu verteidigen, die diese Gruppe kennzeichnet. Er will zeigen, daß dieser christliche Typus auf Jesus den Inkarnierten zurückgeht wie die anderen, und zwar in besonderer Weise[11]. Wir verstehen von hier aus besser, weshalb der Evangelist ein besonderes Interesse daran hatte, die charakteristische Perspektive zu wählen, in die er das Leben Jesu stellt. Er will zeigen, daß seine Gemeinde wirklich auf Jesus zurückgeht, daß sie von Jesus *gewollt* ist. Sie ist die Kirche Jesu wie die übrige.

Entgegen Käsemann scheint es mir aber unmöglich, dem Verfasser einen direkt *polemischen* Gegensatz gegen den großen Strom der Kirche zuzuschreiben. Die Kirche in ihrer *Einheit* ist niemals aus dem Auge ver-

---

[9] Siehe *O. Cullmann*, Heil als Geschichte, 1967², S. 245 ff. — Zum heilsgeschichtlichen Denken des Johannesevangeliums siehe auch *W. G. Kümmel*. Heilsgeschichte im Neuen Testament? in: Neues Testament und Kirche. Festschrift f. R. Schnackenburg, 1974, S. 455 f.

[10] Zum johanneischen Verfasserproblem, ZThK 1951, S. 302.

[11] Aus diesem Grunde mag der Redaktor den anonymen Jünger als „den Lieblingsjünger" bezeichnet haben. Siehe unten S. 77.

loren und macht sogar ein wichtiges Anliegen des Evangelisten aus. Der
Unterschied zu Petrus, der einen anderen Zweig der Kirche darstellt, ist
zwar, wie wir sehen werden, *betont*, aber Petrus wird nie *bekämpft*.

Die Absicht der erwähnten Zusammenschau wird durch die Exegese bestätigt. Hier muß ich mich mit einigen Beispielen begnügen. Die Erzählung
der Samariterin berichtet im 4. Kapitel von einem bestimmten Einzelereignis: der Begegnung zwischen Jesus und der Samariterin beim Jakobsbrunnen, die nur vom Johannes-Evangelium mitgeteilt wird. In diesem Ereignis aus dem Leben des Inkarnierten sieht der Verfasser zwei ganz wichtige
von Christus in seiner Kirche verwirklichte Werke vorgebildet: den *Gottesdienst* der Gemeinde und ihre *Mission*. In beiden ist er gegenwärtig, so wie
er am Jakobsbrunnen im Gespräch mit der Samariterin gegenwärtig ist.
Nach seiner Erklärung über den Gottesdienst „in Geist und Wahrheit",
anläßlich des konkreten Problems des Garizim („die Stunde kommt und sie
ist schon da" V. 23), geht Jesus zu einer prophetischen Beschreibung der
Mission in Samarien über, wie sie zuerst von den Hellenisten und danach
von den Aposteln betrieben wird. Trotz der synoptischen Empfehlung Jesu
Mt 10,5, die für die Zeit des irdischen Lebens Jesu Geltung hat: „Gehet
nicht in Städte Samariens", ist die *künftige* Mission in Samarien, die die
Grundlage *aller* Mission ist, von Christus und zwar schon vom Inkarnierten
im Hinblick auf die Zeit nach seinem Tode *gewollt*. Das Gespräch mit der
Samariterin hat die Grundlage geschaffen: „Schon sind die Felder weiß für
die Ernte" (V. 35). Sie wird eingeleitet *nach* der Auferstehung Christi gerade durch die *Hellenisten*, durch Philippus und die Anhänger des Stephanus, die ἄλλοι von Kapitel 4,38, in deren Arbeit die anderen Jünger
„eintreten" werden[12].

Das gleiche Interesse für die kommende *Mission* der Gemeinde stellen
wir bei anderen Gelegenheiten im Leben Jesu des Inkarnierten fest: im
Wort über den guten Hirten, 10,16, „Ich habe andere Schafe, die nicht zu
diesem Hof gehören"; in der Bitte der Griechen, Jesus zu sehen, 12.20 f.,
mit der Antwort Jesu, die in prophetischer Weise auf die Tatsache hinweist, daß erst nach seinem Tod die Mission unter den Heiden beginnen
könne: „Wenn das Samenkorn . . . nicht stirbt, bleibt es allein; aber wenn
es stirbt, bringt es viel Frucht" (Bild für die Mission V. 24), und im gleichen Kapitel (12,32): „Wenn ich von der Erde erhöht sein werde, werde ich
sie *alle* zu mir ziehen."

Aus Anlaß anderer Ereignisse sieht der Evangelist in den Begebenheiten, die sich *ein* Mal zugetragen haben, die *Sakramente* vorgebildet. So
läßt sich zeigen, daß das Kanawunder (Kapitel 2,1 ff.) zugleich als prophetischer Hinweis auf den Wein der Eucharistie aufgefaßt wird, ebenso das
Speisungswunder (Kapitel 6,1 ff.) als Hinweis auf das eucharistische Brot.

---

[12] Siehe unten S. 51 f.

— Kapitel 19,34 erwähnt die wohl sicher historische Einzelheit des Lanzenstichs, der Blut und Wasser aus der Seitenwunde des Gekreuzigten fließen läßt; nach der großen Mehrheit der Exegeten ist diese Erwähnung dazu bestimmt, die Grundlage der Eucharistie und der Taufe auf das Kreuz Christi zurückzuführen.

Die Erzählungen der ersten Kapitel über Johannes den Täufer wollen im Rahmen des ersten „Zeugnisses" für Christus die Notwendigkeit des *Kampfs* der Kirche, nicht gegen Johannes den Täufer, wohl aber gegen die Behauptungen der *Sekte des Täufers* aufzeigen, die Johannes als *den* Propheten der Endzeit oder den Messias proklamierten. — Andere Züge des Lebens Jesu, die im Johannes-Evangelium hervorgehoben werden, dienen dazu, stillschweigend eine andere Häresie, den *Doketismus*, zu bekämpfen[13], jene alte Ketzerei, vor der auch die Johannesbriefe eindringlich warnen, deren Verfasser wohl zur gleichen Gruppe gehört wie der 4. Evangelist.

Aufgrund der Zusammenschau gibt uns das Johannes-Evangelium also gleichzeitig Kunde über das Leben Jesu und über die Urgemeinde. So konnte ich in einer meiner ersten Veröffentlichungen, über „Urchristentum und Gottesdienst"[14], dem Johannes-Evangelium Aufhellungen über die Auffassung von Taufe und Abendmahl in der alten Kirche entnehmen[15]. Aber der Gottesdienst ist nur eine der Manifestationen der Gegenwart Christi in der Kirche[16]. Dieser ist ebenso am Werk in der Mission und in der Bekämpfung der Häretiker und der ungläubigen Juden.

Man könnte nun einwenden, daß in dieser Absicht des Johannes-Evangeliums, wie ich sie hier dargelegt habe, nichts spezifisch Johanneisches vorliege. In der Tat könnte man fragen: hat nicht die Situation, in der sich die Urgemeinde befand, auch die *synoptischen* Evangelien beeinflußt? Und haben uns die Arbeiten der Formgeschichte nicht gelehrt, in den synoptischen Evangelien den Glauben und das Leben der Kirche als Anlaß zur Bildung ihrer Tradition, als deren „Sitz im Leben", zu verstehen? Jedoch handelt es sich im Fall der synoptischen Tradition eher um das kollektive und mehr *unbewußte* Werk der ersten Christen, also gerade

---

[13] Siehe unten S. 65.   [14] 1. Aufl. 1944, 1962⁴.

[15] Neuerdings zu den Sakramenten: *H. Klos*, Die Sakramente im Johannesevangelium, 1970. Siehe die folgende Anmerkung.

[16] Die Einwände, die gegen meine Arbeit erhoben worden sind und stereotyp in den Kommentaren und anderen Veröffentlichungen wiederholt werden, kommen z. T. von der Tatsache, daß sich diese Arbeit bewußt nur mit dieser einen Äußerung des Gemeindelebens befaßt, womit ich nicht hatte sagen wollen, daß sie der einzige Aspekt der Gegenwart Christi in der Gemeinde sei. Auch *H. Klos*, op. cit. rechnet mich zu denen, für die die Sakramente im 4. Evangelium die dominierende Rolle spielen. Im übrigen nimmt er in seiner im ganzen guten Übersicht über die Auslegungsrichtungen eine mittlere Linie ein: das Evangelium weder „antisakramental" (Bultmann) noch „betont sakramental" (S. 94).

nicht um eine eigentliche bewußte *Absicht*. Im Falle des Johannes-Evangeliums dagegen ist die Simultanbetrachtung Jesu des Inkarnierten und des in der Kirche gegenwärtigen Christus *das bewußte Ziel*, das ein individueller Verfasser verfolgt.

Diese Gleichzeitigkeit, die Identität des Inkarnierten mit dem Erhöhten, drückt sich in dem häufigen Gebrauch doppeldeutiger Ausdrücke im Johannes-Evangelium aus. In einem älteren Artikel[17] habe ich verschiedene dieser Ausdrücke aufgezählt. Ich erwähne hier als Beispiel nur das Verbum ὑψωθῆναι, das im Kapitel 12,32 gleichzeitig „zum Kreuz erhöht werden" und „zum Vater erhöht werden" bedeutet. „Wenn ich von der Erde erhöht sein werde, werde ich sie alle zu mir ziehen"; der nächste Vers erklärt: „Er sagte das, um anzuzeigen, welchen Todes er sterben sollte."[18]

Die Abschiedsreden (Kapitel 13,31 ff.) enthalten auch dann, wenn die Kapitel 15—17 wirklich vom Redaktor eingeschoben sein sollten[19], den Schlüssel, um etwas ahnen zu lassen von dem, was man das Selbstbewußtsein des Evangelisten nennen könnte. Erst nach Tod und Auferstehung des Herrn ist er, „vom Parakleten inspiriert", fähig, den *tieferen* Sinn des Lebens Jesu zu begreifen: als Höhepunkt, Zentrum und *Konzentration* der ganzen göttlichen Geschichte des Heils. Im Kapitel 16,12 sagt Christus: „Ich habe euch noch viele Dinge zu sagen, aber ihr könnt sie jetzt nicht ertragen. Wenn er, der Geist der Wahrheit, gekommen sein wird, so wird er euch in alle Wahrheit führen." Also erst in jenem Augenblick. Und im Kapitel 14,24 hören wir: „Der (heilige) Geist . . . wird euch alles lehren und wird euch an alles *erinnern*, was ich euch gesagt habe." Das „Erinnern"[20] bezieht sich im Johannes-Evangelium gewiß auch auf die Erinnerung an die materiellen Tatsachen, aber darüber hinaus impliziert es mehr: zugleich gerade das Verständnis der Beziehung der Taten und Worte Jesu zum

---

[17] Der johanneische Gebrauch doppeldeutiger Ausdrücke als Schlüssel zum Verständnis des 4. Evangeliums, ThZ 1948, 360 ff.

[18] Der Beleg behält seinen Wert, auch wenn die Bemerkung eine Glosse sein sollte, da der Hinweis auf das Kreuz ohnehin gegeben ist.

[19] Die Abschiedsreden werden, jedenfalls was die Kap. 15—17 betrifft, vor allem aus literarischen Gründen (siehe oben S. 3) oft einem Redaktor zugeschrieben, so schon von *J. Wellhausen*, op cit., S. 62 ff., *Ed. Meyer*, op. cit., S. 310 f.; auch von *G. Richter*, Die Deutung des Kreuzestodes in der Leidensgeschichte des Johannesevangeliums. Bibel und Leben, 1968, S. 21 ff., und zuletzt von *J. Becker*, Abschiedsreden, op. cit., der an einen „Schüler des Evangelisten" denkt, der sich „bei der Umakzentuierung relativ eng an die Rede seines Lehrers anlehnt". Andere, z. B. *C. H. Dodd*, Interpretation, op. cit., S. 390 ff. und *C. K. Barrett*, Komm., S. 397 ff. nehmen an, daß es sich zwar um einen Einschub durch einen Schüler handle, daß aber der Text des Einschubs vom Evangelisten stamme.

[20] Auch nach *W. Thüsing*, Die Erhöhung und Verherrlichung Jesu im Johevg., 1959[1], 1970[2] sieht der Evangelist hier „den Sinn seiner Schrift" (S. 159). — Zum „Erinnern" siehe *O. Cullmann*, Urchr. u. Gottesd., op. cit., S. 48 f. und *N. A. Dahl*, Anamnesis. Stud. theol. 1947, S. 94 ff.

ganzen Heilsgeschehen, und besonders zu den Werken, die Christus durch die Jünger vollbringt und von denen er Kapitel 14,12 sagt: „Wer an mich glaubt, wird seinerseits die Werke tun, die ich tue, und er wird größere als diese tun." Christus wird nämlich erhöht sein, aber er ist der gleiche, der auf Erden mit ihnen war. Die Jünger sind nicht verwaist[21].

Im Kapitel 2,22 stellen wir deutlich fest, daß μνησθῆναι diesen Doppelsinn in unserem Evangelium hat. Es handelt sich hier um die Tempelreinigung, in der sich zugleich die Ersetzung des Tempels durch die Person des gestorbenen und auferstandenen Christus ankündigt. „Als er von den Toten auferstanden war, da *erinnerten* sich die Jünger, daß er dies gesagt hatte, und sie glaubten an die Schrift und an das Wort, das Jesus gesagt hatte." Ebenso in Kapitel 12,12 ff.: nachdem der Verfasser den Einzug Jesu in Jerusalem in Beziehung zu dem gesetzt hat, was im Alten Testament geschrieben ist, fährt er in V. 16 fort: „das erkannten die Jünger zuerst nicht, aber als Jesus verherrlicht war, da *erinnerten* sie sich, daß dies über ihn geschrieben war und daß sie ihm dies getan hatten".

Auf Grund dieser Überzeugung, vom Parakleten in dieser Erinnerung geleitet zu sein, kann der Evangelist sich erlauben, auch die Reden Jesu von sich aus über das hinaus weiterzuführen, was der Inkarnierte gesagt hat, indem er plötzlich, ohne den Übergang anzuzeigen, selbst das Wort ergreift (Beispiel: Kapitel 3,13 das Nikodemusgespräch, wo Jesus als Inkarnierter schon von dem spricht, der zum Himmel aufgefahren *ist*). Der Auferstandene spricht *durch* den Evangelisten. Durch ihn setzt er die Lehre fort, die er während seiner Inkarnation erteilt hat.

Bedeutet nun diese neue Perspektive, daß das Johannes-Evangelium nicht als Geschichtsquelle für das Leben des historischen Jesus zu benützen ist? Die Frage steht in unmittelbarer Beziehung zu derjenigen der Absicht des Evangeliums, wie ich sie zu sehen glaube. Zugleich wirft sie ein Licht auf die Sondertraditionen, bzw. persönlichen Erinnerungen, wie sie im johanneischen Kreis lebendig waren.

---

[21] Auch *U. B. Müller* bringt in seinem Aufsatz Die Parakletenvorstellung im Johannesevangelium, ZThK 1974, S. 31 ff. den Parakleten mit dem Legitimationsbedürfnis des Evangeliums zusammen, allerdings im Rahmen seiner Annahme einer der literarischen Aufteilung der Abschiedsreden entsprechenden Entwicklung der Parakletenvorstellung.

2*

III. Kapitel

DER HISTORISCHE WERT DES 4. EVANGELIUMS

Wir sprechen zuerst von der Frage nach dem historischen Anspruch des Evangeliums, dann von derjenigen der Berechtigung dieses Anspruchs.

1. Der Anspruch auf Faktizität des Berichteten

Es wäre falsch, aus der Absicht des Evangelisten, wie wir sie vorhin definiert haben, nämlich gleichzeitig über die Taten und Worte Jesu zu berichten und ihre Bedeutung für die Kirche aufzuzeigen, a priori zu schließen, daß wir das Johannes-Evangelium als historische Quelle *nur* für die Kenntnis der *Gemeinde* ansehen dürften, der der Verfasser angehört. Wenn ich im Sinne des Evangelisten die Identität des inkarnierten Jesus mit dem Christus der Gemeinde betone, so ist hier jeder der beiden Ausdrücke gleich ernst zu nehmen[1]. Das heißt aber, daß der Evangelist trotz des theologischen Interesses, aus dem heraus er das Leben Jesu betrachtet, jedenfalls den *Anspruch* erhebt, Tatsachen mitzuteilen, deren Faktizität ihm äußerst wichtig ist. Die Zeit der Inkarnation ist für ihn das Zentrum, der Höhepunkt der göttlichen Offenbarung. Wenn er die Ausstrahlung dieses zentralen Werks der Inkarnation nach beiden Richtungen hin verfolgt, nach vorn in die Kirche (so im *ganzen* Evangelium), nach rückwärts bis zur Schöpfung (so im Prolog), so ist dies eine heilsgeschichtliche Perspektive trotz der im Leben des Inkarnierten zusammengefaßten Gleichzeitigkeit der Betrachtung der beiden Ebenen[2]. Das ganze Unternehmen des Evangelisten wäre sinnlos, wenn er Taten und Worte des Inkarnierten nicht als ganz real ansähe, da doch in diesem Werk, das Jesus während der kurzen Zeit seines irdischen Lebens vollbracht hat, die ganze Offen-

---

[1] Ich unterstreiche diesen Punkt. Denn *L. Morris*, Studies in the Fourth Gospel, 1969, S. 122 ff., schreibt mir im Zusammenhang mit meiner Erklärung der Erzählung von der Samariterin zu Unrecht den Gedanken zu, die behandelte Episode des Lebens Jesu gehe *nur* das Leben der Kirche an.

[2] Siehe *O. Cullmann*, L'évangile johannique et l'histoire du salut, NTS 1964/65, S. 111 ff. und den oben S. 15, Anm. 9 zitierten Artikel *W. G. Kümmels*, S. 455 f.

barung Gottes an die Welt gerade *konzentriert* ist. Sie entfaltet sich nach beiden Richtungen.

Folglich geht es nicht an, im johanneischen Bericht über das Leben Jesu nur sozusagen einen rein äußeren Rahmen zu sehen, eine Art Allegorie, die der Verfasser lediglich als eine literarische Fiktion gewählt hätte, um seine theologischen Ansichten über Christus zum Ausdruck zu bringen. In diesem Falle hätte er sich doch damit begnügen können, seine theologischen Gedanken in Form eines Traktats oder in Form von Episteln nach Art der Johannesbriefe zu entwickeln. Er hat aber ein *Leben Jesu* geschrieben, wenn auch mit der genannten theologischen Ausrichtung. Die Erzählung der einmaligen Begebenheiten ist für ihn nicht ein äußeres Gewand, dessen man das Evangelium ohne weiteres entkleiden könnte. Die *Geschichte*, die *Tatsachen*, sind in diesem Falle der *Gegenstand* der theologischen Betrachtung[3]. Die Gleichung „Jesus als Inkarnierter = Christus der Kirche" erheischt vom Evangelisten jedenfalls ein bewußtes Bemühen um eine treue Wiedergabe dessen, was sich in der kurzen Zeitspanne des Wirkens Jesu zugetragen hat.

Wir fragen also noch nicht danach, ob er dieses Ziel erreicht hat. Zunächst kommt es mir nur auf die Erkenntnis an, daß er den *Anspruch* erhebt, Tatsachen und nicht eine Art Allegorie zu bieten. Was zu einem ganz bestimmten *Zeitpunkt* des Geschehens und in einem ganz bestimmten *geographischen Rahmen* durch Jesus Christus vollbracht wurde, das ist nach dem Evangelisten in Gottes Plan als Höhepunkt und Zusammenfassung seiner Offenbarung vorherbestimmt. Es ist eines der Leitmotive des ganzen Evangeliums, daß die entscheidende ὥρα, die „Stunde" des Todes, d. h. der Verherrlichung Jesu, nicht vorgerückt werden konnte. Deshalb reist Jesus im Johannes-Evangelium zwischen Galiläa und Judäa umher, damit die Ereignisse sich nicht überstürzen, indem Jesus zu früh festgenommen würde. Aber alle anderen ὥραι des Lebens Jesu, die der Evangelist oft mit einer erstaunlichen Präzision angibt — z. B. Kapitel 1,39 „es war die zehnte Stunde" — haben auch eine unendliche Wichtigkeit im Hinblick auf die eine Stunde. Alles, was sich in den Erzählungen ereignet, spielt sich nach einem göttlichen, im voraus festgesetzten — man könnte sagen — „Stundenplan" ab. Während dieser kurzen Wirksamkeit ist jeder Augenblick von höchster Bedeutung für das Heil der Welt[3a].

Der Abschnitt 7,1—11 ist in dieser Hinsicht sehr lehrreich. Die Brüder, sagt Jesus in V. 7, sind *frei*, über ihren καιρός zu verfügen. Sie können

---

[3] *O. Cullmann*, Εἶδεν καὶ ἐπίστευσεν, Festschr. f. M. Goguel, 1950, S. 52 ff. — Dazu *F. Hahn*, Sehen und Glauben im Joh. Festschr. f. O. Cullmann, 1972, S. 125 ff., wobei er das „Sehen" weiter faßt. — Vom Begriff der martyria aus: *I. de la Potterie*, La notion de temoignage dans S. Jean, (Santa Pagina) 1959.

[3a] Zur „Stunde" siehe *W. Thüsing*, op. cit. S. 89 („primär der vom Vater festgesetzte heilsgeschichtliche Termin".).

jederzeit, wann sie wollen, nach Jerusalem hinaufziehen. Jesus dagegen muß den für jedes seiner Werke genau bestimmten Augenblick abwarten. V. 6: „Meine Zeit ist noch nicht da". Er muß arbeiten, „solange es Tag ist" (Kapitel 9,4); „hat der Tag nicht 12 Stunden?" (Kapitel 11,9).

So darf auch nach Kapitel 9,2 ff. der Grund, weshalb der Blinde blind *geboren* sein muß, nicht in einer Sünde gesucht werden, die er selbst oder seine Eltern begangen hätten, sondern in der göttlichen Notwendigkeit, daß Jesus ihm genau in diesem Augenblick und an diesem bestimmten Ort begegnet, um ihn zu heilen, damit „die Werke Gottes an ihm offenbar werden". (V. 3) Ebenso sagt Jesus in Kapitel 11,15: er freue sich, nicht anwesend *gewesen* zu sein, bevor Lazarus starb, denn wenn er dort gewesen wäre, so wäre Lazarus nicht gestorben. Jesus hätte dann eine Krankenheilung vollbracht. Aber in diesem Augenblick muß er an Lazarus ein Auferstehungswunder vollbringen: „ich freue mich um euretwillen, nicht hier gewesen zu sein, damit ihr glaubt". Diese Erklärung wie die über den Blinden, der blind geboren sein mußte, damit in diesem Augenblick Jesus, das Licht der Welt, ihm begegnete, könnten und müßten Ärgernis erregen, wenn man die Absicht des Evangelisten nicht berücksichtigte, zu zeigen, daß alles, was während der Wirksamkeit Jesu geschieht, die *zentrale* Verwirklichung des göttlichen Heilsplans ist.

Die gleiche Bemerkung gilt auch für den geographischen Rahmen, für das Hin und Her zwischen Judäa und Galiläa, vielleicht auch für Kap. 4,4, wo der Verfasser sagt, Jesus habe durch Samarien ziehen *müssen*. Er mußte dort mit der Samariterin am Jakobsbrunnen zusammentreffen, während die Juden gewohnt waren, den Umweg zu machen, um nicht durch das von der jüdischen Gemeinschaft ausgeschlossene Samarien zu ziehen. Er mußte ihr begegnen, um den Keim für die künftige Mission in Samarien zu legen.

2. Ist der Anspruch historisch berechtigt?

Die offenkundige Überzeugung des Evangelisten, Tatsachen mitzuteilen, indem er sich auf ihm sicher scheinende Traditionen bzw. Erinnerungen stützt, löst jedoch die andere Frage noch nicht, ob dieser Anspruch im Lichte des Historikers berechtigt ist, also ob das 4. Evangelium als Quelle für das Leben Jesu benützt werden kann. Sehr viele Neutestamentler verneinen diese Frage. Sie verweisen dabei auf die nicht zu leugnende Tatsache, daß unser Evangelium die Geschichte in den Dienst eines theologischen Interesses stellt. In der Tat haben wir gesehen, daß es sich um ein theologisches Interesse bei dem Aufzeigen der Identität zwischen dem historischen Jesus und dem ewigen Christus handelt. Der Evangelist bietet ein *Glaubenszeugnis über Geschichte*. Dies tun jedoch auch die Synoptiker, und in dieser Beziehung besteht kein grundsätzlicher Unterschied zwischen

ihnen und dem Johannes-Evangelium. Wir wissen ja in der Tat sowohl
von der Formgeschichte als von der Redaktionsgeschichte her, daß die
Synoptiker ebenfalls Glaubenszeugnisse und nicht Biographien sind. Und
trotzdem bedient sich die moderne Leben-Jesu-Forschung ihrer.

Gewiß muß man den Charakter des Glaubenszeugnisses und der präzisen theologischen Absicht untersuchen, die einem Evangelium zugrunde
liegt, aber diese Arbeit soll uns gerade erlauben, innerhalb dieses Zeugnisses die historischen Elemente zu erkennen[4].

In unserem Fall muß man zunächst die besondere theologische Perspektive des Johannes-Evangeliums kennen, von der wir gesprochen haben.
Wir müssen wissen, daß diese ohne Zweifel mehr als die der Synoptiker
(da ja im Johannes-Evangelium, wie wir gesehen haben, eine *bewußte*
Absicht vorliegt) die *Auswahl* der Erzählungen und Worte beeinflußt hat,
aber auch die *Art und Weise*, wie sie wiedergegeben werden. Dies zu verneinen, wäre schlechte Apologetik. Trotzdem berechtigt uns diese johanneische Perspektive ebensowenig wie die synoptische, so groß der Unterschied zwischen beiden sein mag, das Johannes-Evangelium als historische
Quelle auszuschalten.

Übrigens gibt es heute eine Reaktion auch seitens sehr kritischer Neu-
testamentler gegen den systematischen Verzicht auf unser Evangelium als
Quelle über das Leben Jesu. In dieser Beziehung hat ein Umschwung statt-
gefunden. So gründet M. Goguel sein Jesusbuch ausdrücklich auch auf das
Johannes-Evangelium, besonders was die Leidensgeschichte betrifft, und
C. H. Dodd hat der Frage nach dem historischen Wert der johanneischen
Tradition ein wichtiges Buch gewidmet[5].

Obwohl die Sondertraditionen, über die der Evangelist in seinem Kreise
verfügt, dazu bestimmt sind, innerhalb des Ablaufs der Ereignisse während der kurzen Tätigkeit Jesu einen präzisen göttlichen Plan aufzuzeigen, können sie doch ihrem *Ursprung*, ihrer Herkunft nach nicht einfach
als Schöpfung des Evangelisten erklärt werden. Durch die Exegese lassen
sich sehr ernsthafte Argumente zugunsten vieler historischer Elemente des
Johannes-Evangeliums aufzeigen. Ich erwähne besonders solche Traditionen, die sich auf Judäa und Samarien beziehen: die anfänglichen engen

---

[4] Wo käme etwa der Historiker des Altertums hin, wenn er mit der gleichen
Skepsis wie die Theologen alle Dokumente, die Ereignisse zum Gegenstand
haben, aber eine Tendenz aufweisen, *nur* zur Information über diese Tendenz,
nicht über jene Ereignisse benützen wollte? Wenn auch zuzugeben ist, daß eine
Glaubensüberzeugung vordergründiger ist als eine andere Tendenz, dürfte die
Frage doch berechtigt sein.

[5] *M. Goguel*, Das Leben Jesu. Aus dem Französ. übersetzt 1934. — *C. H. Dodd*,
Historical Tradition in the Fourth Gospel, 1963. — Siehe auch *A. J. B. Higgins*,
The Historicity of the Fourth Gospel, 1960. — *E. Renan* baut sein „Leben Jesu“
auf der Erzählung des 4. Evg. auf (nicht der Reden).

Beziehungen zwischen Jesus und Johannes dem Täufer in *Judäa*, wo Jesus
und seine ersten Jünger sich zunächst noch im Schatten der Wirksamkeit
des Täufers befinden; weiter alles, was Samarien betrifft; die sehr präzisen
Angaben über die Topographie[6], auch über die jüdischen Riten; besonders
aber die Leidensgeschichte, ihre Chronologie, die der historischen Wirklichkeit besser zu entsprechen scheint als die der Synoptiker; ferner die juri-
stische Rolle, die die Römer spielen, die im Hinblick auf eine politische
Verzeigung eine viel größere Initiative haben, als dies in den Synoptikern
deutlich wird: Beschluß des Synedriums (Kapitel 11,47 ff.), Festnahme Jesu
bereits durch den römischen χιλίαρχος (Kapitel 18,12), der eher konsul-
tative Charakter des Verhörs vor dem Synedrium, die Bezeichnung Titulus
für die obligatorische Inschrift über dem Kreuz, die ein politisches Ver-
brechen angibt[7].

Daneben enthält nun freilich das Evangelium, auch dort, wo nicht ein
Eingriff des Redaktors vorliegt, mit den Synoptikern parallele Erzählungen, in denen wir öfter feststellen, daß die johanneische gegenüber der
synoptischen erst ein *späteres* Stadium der Tradition darstellt, das sich
nicht durch die johanneische theologische Perspektive erklärt.

Beides ist also zu berücksichtigen: einerseits historisch sehr gute Traditionen, andererseits in mehreren parallelen Stücken eine spätere Entwicklung. Wir werden für diese doppelte Feststellung die Erklärung finden,
wenn wir vom Verfasser sprechen. Ich will sie hier nur andeuten. Die Tatsache, daß die historisch zuverlässigen und gegenüber den Synoptikern
sogar besseren Traditionen sich in der Hauptsache auf Ereignisse in *Judäa*
beziehen, wird uns auf die Spur führen. Wenn wir in einem späteren
Kapitel feststellen, daß der wohl nicht zu den Zwölfen gehörende Evangelist im Gegensatz zu diesen in *Judäa* beheimatet ist, dann verstehen wir,
daß gerade jene anfänglichen Begebenheiten in *Judäa* sowie die ganze
Leidensgeschichte auf persönlichen Erinnerungen beruhen mag, während
der Verfasser für andere Begebenheiten, besonders solche, die in Galiläa
spielen, sich zwar außer der mit den Synoptikern gemeinsamen Tradition
auch zum Teil auf Sondertraditionen stützt, aber nicht als Augenzeuge in
Betracht kommt.

Was die johanneischen *Reden* Jesu betrifft, die so verschieden von der
synoptischen Predigt vom Reiche Gottes sind, so habe ich schon bemerkt,
daß der Evangelist sich für berechtigt hält, sie auf souveräne Weise weiterzuführen und ohne Übergang selbst das Wort im Namen Jesu zu ergreifen.
Wir können sie daher selbstverständlich nicht ohne weiteres als von Jesus
gesprochene Worte hinnehmen. Immerhin müssen wir uns wenigstens in

---

[6] Siehe *R. D. Potter*, Topography and Archeology in the Fourth Gospel,
Stud. ev. 1959, S. 328 ff. und *O. Merlier*, Itinéraires de Jésus et chronologie
dans le 4e évangile, 1961.

[7] Siehe *O. Cullmann*, Der Staat im Neuen Testament, 1955, 1960², S. 17 ff.

gewissen Fällen fragen, ob nicht außer der synoptischen Verkündigung Jesu an die Zwölf mit einer mehr intimen Lehre gerechnet werden kann, die einen verschiedenen Charakter trägt[8].

Da wir in Mt 11,25—27 in einem synoptischen Evangelium ein Wort finden („niemand kennt den Sohn als der Vater . . .“), dessen *„johanneischer“* Charakter in den Kommentaren ausdrücklich hervorgehoben wird, sollte auch von hier aus die Frage zumindest zur Diskussion gestellt werden. Im Lichte des besonderen Kreises, dem der Evangelist angehört, und seiner Beziehung zu dem sehr besonders gearteten, mehr peripheren Judentum seiner Zeit, von dem wir im Zusammenhang mit der Umwelt des Evangeliums sprechen werden, müssen wir in einem späteren Kapitel die Frage nach dem Verhältnis *Jesu* zu diesem nichtkonformistischen Randjudentum und dem Verhältnis Jesu zu dem „johanneischen Kreis“ aufwerfen. Wenn wir sie auch nicht restlos beantworten können, muß sie doch ernsthaft gestellt werden.

Es ist eine verkehrte apologetische Methode, in der illusorischen Absicht, die integrale Historizität *aller* johanneischer Einzelzüge zu retten, den sicher anzunehmenden Einfluß der theologischen Perspektive auf Auswahl der Begebenheiten und Art ihrer Darstellung sowie die fortgeschrittene Entwicklung gewisser Traditionen zu leugnen. Aber ebenso verkehrt ist es, gesamthaft den historischen Wert des Johannes-Evangeliums wegen der theologischen Perspektive, in die die Ereignisse gestellt sind, abzustreiten. Wir finden bestätigt: die Wichtigkeit, die für den Evangelisten der theologischen Aussage „der historische Jesus und der in der Gemeinde gegenwärtige sind eins“ zukommt, muß für ihn ein Ansporn gewesen sein, das erste Glied dieser Identitätsaussage, den Fleischgewordenen, so getreu wie es ihm möglich war, in Wirken und Lehre darzustellen. Das heißt natürlich nicht, daß wir bei ihm kritische Sichtung der von ihm benützten Traditionen über diejenigen Ereignisse erwarten dürfen, deren Augenzeuge er nicht war.

---

[8] Wenn *H. Riesenfelds* These The Gospel Tradition and its Beginnings, Stud. ev. 1959 und diejenige *B. Gerhardssons* Memory and Manuscript. Oral Tradition and Written Transmission in Rabbinic Judaism and Early Christianity, 1964[2] richtig ist, nach der wir unterscheiden müssen zwischen einer nach den rabbinischen Regeln erteilten Lehre Jesu und einer andern, die freier gewesen wäre, könnte sie auf die formale Seite dieser Unterscheidung ein Licht werfen. Siehe unten S. 97 f.

IV. Kapitel

SPRACHE, STIL, LITERARISCHE EIGENART

Das Problem der johanneischen Sprache und des johanneischen Stils stellt sich wiederum verschieden, je nachdem wir von der Unterscheidung von Quellen und Redaktionen ausgehen oder das Evangelium als solches behandeln. So nimmt R. Bultmann an, die Semeia-Quelle sowie die Leidensgeschichte wären in einer stark von Semitismen durchsetzten griechischen Sprache geschrieben, während die ursprüngliche Sprache der Offenbarungsreden aramäisch wäre. Was den Stil betrifft, so wäre derjenige der Offenbarungsreden von dem literarischen Genus der gnostischen Offenbarungen geprägt. Trotz sehr guter Beobachtungen scheint mir auch hier die Unterscheidung etwas zu schematisch und um so problematischer, als Einzelüberprüfungen zu gegensätzlichen Ergebnissen gelangt sind. Wir werden daher auch hier von der Sprache und dem Stil des Evangeliums als solchen sprechen und die Frage einer Beeinflussung durch etwaige Quellen oder Redaktionen, die allerdings an Einzelstellen in der Exegese erörtert werden muß, für die Gesamtbeurteilung offenlassen.

Bis in die ersten Jahrzehnte des 20. Jahrhunderts teilten die modernen kritischen Arbeiten das 4. Evangelium ausschließlich der hellenistischen Sphäre zu, und die Frage, ob seine griechische Sprache ein semitisches Original voraussetze oder zumindest semitischen Einfluß verrate, wurde im allgemeinen nicht einmal ins Auge gefaßt. Unter den wenigen Ausnahmen ist hier besonders A. Schlatter zu nennen, der schon im Jahre 1902 in unserem Evangelium auf Grund einer Vergleichung mit den Midrasch zahlreiche Hebraismen glaubte feststellen zu sollen, die ihm einen palästinensischen Ursprung des Verfassers nahezulegen schienen[1]. Zu einem ähnlichen Ergebnis ist viel später eine Untersuchung K. Beyers[2] gelangt, die auf die Analogie der ebenfalls hebräisch abgefaßten Qumrantexte hinweist.

C. F. Burney[3] hat den Blick auf das Aramäische gerichtet und nimmt aufgrund einer ins einzelne gehenden philologischen Untersuchung an,

---

[1] *A. Schlatter*, Die Sprache und Heimat des vierten Evangelisten, 1902.
[2] *K. Beyer*, Semitische Syntax im Neuen Testament I, 1962, 17 f.
[3] *C. F. Burney*, The aramaic Origin of the Fourth Gospel, 1922.

das gegenwärtig vorliegende Evangelium sei geradezu eine Übersetzung aus dem Aramäischen, und er glaubt sogar Übersetzungsfehler nachweisen zu können[4]. C. C. Torrey[5] geht auf diesem Wege weiter, und auch J. de Zwaan[6] und M. Black[7], die zwar gewisse Übertreibungen Burneys vermeiden, rechnen, der erste ebenfalls mit einem aramäischen Original, der zweite mit einem starken aramäischen Einfluß auf ein zum größten Teil allerdings griechisch abgefaßtes Evangelium. Diese letztere Meinung setzt sich trotz der Vorbehalte E. C. Colwells[8] mehr und mehr durch. Wir haben gesehen, daß R. Bultmann für die von ihm angenommenen Quellen einen mehr oder weniger eindeutigen aramäischen Ursprung annimmt.

Bei der Lektüre des Evangeliums drängt sich einem sprachlich ein gewisser semitischer Gesamteindruck auf, obwohl einige Ähnlichkeiten mit dem Hebräischen sich bei näherem Zusehen auch im Griechischen der Koine und der LXX finden lassen: seltenes Vorkommen von Nebensätzen, Stellung des Verbums vor dem Subjekt (ἀνέβη εἰς Ἱεροσόλυμα ὁ Ἰησοῦς), Wiederaufnahme des Personalpronomens usw.

Die verschiedenen philologischen Beobachtungen der genannten Forscher über den hebräischen und aramäischen Einfluß (z. B. des aramäischen ד, das zugleich der griechischen finalen Konjunktion und dem griechischen Relativpronomen ἵνα entspricht, woraus sich die Möglichkeit von Übersetzungsfehlern ergibt), sind sehr wichtig, aber sie rechtfertigen doch nicht die von C. F. Burney und C. C. Torrey gezogene Schlußfolgerung, nach der unser Evangelium eine unmittelbare Übersetzung aus dem Aramäischen wäre. In Wirklichkeit beweisen jene philologischen Feststellungen nur, daß der Verfasser aus einem Gebiet stammt, in dem der Gebrauch des Aramäischen geläufig war. R. Schnackenburg hat in der Nachfolge K. Beyers in seinem Kommentar[9] eine Reihe von Ausdrücken zusammengestellt, die das Evangelium mit den Qumranschriften gemeinsam hat. Abgesehen von dieser Fragestellung hat schon E. A. Abbott die Eigentümlichkeit des johanneischen Wortschatzes (auch des Stils) in einem viel älteren Werk untersucht[10].

Oft hat man mit Recht eine gewisse Monotonie der Sprache des Johannes-Evangeliums betont. Sie scheint gewollt und erinnert an den liturgischen Stil, der vor Wiederholungen nicht zurückschreckt. Das hängt damit zusammen, daß der Gedanke nicht in geradlinigem Fortschreiten entfaltet,

---

[4] Anders meint *M.-E. Boismard* gewisse Textvarianten als Übersetzungsfehler erklären zu können.

[5] *C. C. Torrey*, The Aramaic Origin of the Gospel of John, HThR 1923, 305 ff.

[6] *J. de Zwaan*, John wrote in Aramaic. JBL 1938, S. 155 f.

[7] *M. Black*, An Aramaic Approach to the Gospels and Acts, 1954.

[8] *E. C. Colwell*, The Greek of the Fourth Gospel, 1931, I, S. 91 ff.

[9] Siehe Komm., S. 91 ff.

[10] *E. A. Abbott*, Johannine Vocabulary, 1905.

sondern daß die gleiche Wahrheit unter verschiedenen Gesichtswinkeln betrachtet wird. Vielleicht kommt diese Monotonie auch daher, daß das ganze Evangelium inhaltlich *ein* Ziel verfolgt. Anderseits ist der sehr eigenartige Stil wohl auch von theologischen Anschauungen beeinflußt, die wir in einem bestimmten nichtkonformistischen Judentum finden, von dem Linien zu einem Vorstadium des Gnostizismus gezogen werden können, wovon wir werden sprechen müssen.

Wahrscheinlich sind einige Teile des Evangeliums in einem rhythmischen Stil abgefaßt. Dies trifft fast sicher, aber keineswegs ausschließlich, für den Prolog zu. Mehrere Forscher sind von den Regeln der hebräischen Poesie ausgegangen, um den Rhythmus, die Abwechslung der Strophen und den Parallelismus des johanneischen Stils näher zu bestimmen. Nach Bultmann hat das Evangelium in der von ihm postulierten Quelle der Offenbarungsreden deren poetische Form festgehalten. Besonders hat P. Gaechter[11] die Formen der johanneischen Poesie zu beschreiben versucht. Mehrere moderne Übersetzungen, so z. B. die französische der sog. Jerusalemer Bibel[12], auch diejenige von R. E. Brown[13], haben den griechischen Text in Strophen zerlegt und diese Einteilung durch den Druck gekennzeichnet. Diese Vorschläge, den johanneischen Rhythmus und die johanneischen Strophen zu rekonstruieren, scheinen mir doch mit allzu vielen subjektiven und hypothetischen Elementen belastet[14]. Übrigens stimmen die verschiedenen zur Diskussion gestellten Lösungen auch hier nicht miteinander überein, und ihr hypothetischer Charakter wird noch verstärkt, wenn man mit einigen Gelehrten dabei auf ein aramäisches Original zurückzugehen versucht. Jedenfalls ist es problematisch, für die Quellenscheidung und die Bestimmung von Zusätzen von Erwägungen über den Rhythmus auszugehen.

Die schon früher erwähnte[15] Verwendung doppeldeutiger Ausdrücke ist sehr charakteristisch und entspricht genau der besonderen Perspektive, in der das Leben Jesu mit dem Werk des in der Kirche gegenwärtigen Christus zusammengeschaut wird. Außer dem schon erwähnten Verbum ὑψωθῆναι, von dem wir gesprochen haben, lassen sich viele andere Beispiele beibringen[16].

Auch gewisse konstante Züge, die die Entwicklung der Dialoge betreffen, stehen in Beziehung zu der vom Verfasser verfolgten Absicht: das

---

[11] *P. Gaechter*, Der formale Aufbau der Abschiedsreden Jesu, ZThK 1934, S. 155 ff. — Id. Die Form der eucharistischen Reden Jesu, ZThK 1935, S. 420 ff. — Id. Strophen im Johannesevangelium, ZThK 1936, S. 99 ff., 402 ff.

[12] Bible de Jérusalem, L'Evangile de S. Jean, *D. Mollat*, 1960².

[13] Siehe Komm.

[14] *E. Haenchen*, Probleme des johanneischen Prologs, ZThK 1963, S. 305, glaubt im Prolog nur einen „freien" Rhythmus festzustellen.

[15] Siehe oben S. 18.

[16] Siehe den oben S. 18 Anm. 17 zitierten Aufsatz.

Unverständnis der Gesprächspartner, ihre Unfähigkeit, von dem einen Sinn eines Wortes oder Ausdrucks zum anderen überzugehen[17], in anderen Fällen der anfängliche Zweifel, der im Glauben endet.

Auf die ausgesprochene Eigenart der Reden Jesu habe ich schon mehrfach hingewiesen: oft setzen sie einen durch eine konkrete Situation im Leben Jesu veranlaßten Dialog fort, wobei jener Anlaß ganz vergessen wird. So kommt es vor, daß der oder die Gesprächspartner von der Szene verschwinden, während die Rede Jesu weitergeht, wie wir dies etwa im Falle der Unterhaltung mit Nikodemus feststellen.

Die theologische Perspektive erklärt auch die von der synoptischen sehr verschiedene johanneische Art, die Ereignisse als solche zu erzählen. Man bekommt nicht immer eine sehr konkrete Vorstellung der Szene als ganzer. Während gewisse Aspekte mit überraschend ausführlichen Einzelheiten beschrieben werden, wird über andere völlig hinweggegangen, so daß die Erzählung im ganzen unanschaulich bleibt. Es ist, als ob ein Scheinwerfer für einen kurzen Augenblick nur einen Punkt eines Gemäldes grell beleuchtete, während alles übrige in tiefem Dunkel bleibt. Gleich darauf wird unvermittelt ein anderer Punkt des gleichen Gemäldes erhellt, ohne daß die Verbindung sichtbar wird. Das verleiht den johanneischen Erzählungen oft jenen etwas mysteriösen Charakter. Der Evangelist interessiert sich eben nur für diejenigen Seiten der Ereignisse, die die Beziehungen zu dem in der Kirche gegenwärtigen Christus in Erscheinung treten lassen. Sobald das in dieser Beziehung Wichtige mitgeteilt ist, geht der Evangelist zu einer anderen Erzählung über.

Wortschatz, Stil und literarische Eigenart erklären sich also in erster Linie aus der theologischen Absicht des Evangelisten, aber auch aus den Anschauungen des johanneischen Kreises, die durch die besondere Umwelt, in der er verwurzelt ist, geprägt sind.

---

[17] Stärker literarisch bedingt bei *H. Leroy*, Das johanneische Mißverständnis als literarische Form. Bibel und Leben 1968, S. 196 ff.

V. Kapitel

DIE NICHTCHRISTLICHE UMWELT DES JOHANNES-EVANGELIUMS UND DES JOHANNEISCHEN KREISES

Lange ist die Frage nach der Umwelt des Johannes-Evangeliums in Form der Alternative „Hellenismus oder Judentum" gestellt worden, und je mehr Parallelen zu johanneischen Anschauungen und Begriffen man in der Literatur des Hellenismus entdeckte, desto mehr verzichtete man darauf, jüdische Quellen heranzuziehen. Die Verwandtschaft zwischen der johanneischen Theologie und dem jüdischen Hellenismus, wie er von Philo von Alexandrien vertreten wird, dessen Logos-Lehre trotz aller Verschiedenheiten eine Analogie zu der johanneischen bietet, erlaubte es, die Möglichkeit eines Bandes zwischen der jüdischen und der hellenistischen These ins Auge zu fassen. Jedoch genügte dieser Hinweis auf Philo nicht, um die Alternative aufzulösen. Denn Philo gehört nicht ins palästinensische Judentum. So stellte man eine neue Alternative: palästinensisches Judentum oder hellenistisches Judentum der Diaspora.

Jedoch gerade in dieser Beziehung haben die seit den vergangenen Jahrzehnten unternommenen Forschungen und besonders die Entdeckungen neuer Quellen einen Umschwung bewirkt, insofern sie beweisen, daß auch diese Alternative: palästinensisches Judentum oder hellenistisches Judentum der Diaspora eine falsche Alternative ist. Das palästinensische Judentum der neutestamentlichen Zeit war viel weniger homogen als man annahm, solange man sich mit der uns von den Synoptikern her geläufigen Charakterisierung durch die ausschließliche Einteilung in Pharisäer und Sadduzäer begnügte. In Wirklichkeit war dieses palästinensische Judentum unendlich vielgestaltiger. Die älteren Untersuchungen über die Apokalyptik hatten bereits die Aufmerksamkeit auf palästinensische, mehr oder weniger esoterische Kreise gelenkt, in denen man eine Endhoffnung pflegte, die an gewissen Punkten fremden Ursprung aufwies. Anderseits wurde deutlich, daß man sich in diesen oder verwandten Kreisen im Anschluß an die alttestamentlichen Erzählungen Spekulationen über den Ursprung der Welt hingab, die ebenfalls verschiedene mit hellenistischen verwandte Gedankengänge aufwiesen.

Man vermutete also bereits das Vorhandensein von Sektengruppen, die am Rande des palästinensischen Judentums zu suchen sind. Die Forschungen über die samaritanische Religion trugen ebenfalls dazu bei, das Interesse für die Begegnung zwischen Synkretismus und palästinensischem Judentum zu wecken. Besonders aber bestätigte die Entdeckung der Qumrantexte die intensive Lebendigkeit einer heterodoxen Bewegung, deren Wichtigkeit zum Verständnis des palästinensischen Judentums zur Zeit Jesu sehr hoch einzuschätzen ist[1]. Mehr und mehr zeigt es sich, daß Treue gegenüber den jüdischen Traditionen die Öffnung gegenüber fremden Einflüssen durchaus nicht ausschloß. Gewisse synkretistische Tendenzen sind also keineswegs nur eine besondere Erscheinung der griechischen Diaspora, auf die man sich in früheren Zeiten beschränken wollte. Sie waren im Gegenteil gerade in Palästina und Syrien besonders ausgesprochen[2].

Die so stark vom Griechentum beeinflußte Architektur des herodianischen Tempels zu Jerusalem ist, obwohl hier andere Gründe mitspielen, sozusagen das äußere Symbol für die Erkenntnis, daß auch das Gedankengut des Hellenismus viel tiefer gerade das palästinensische Judentum zur Zeit Jesu prägte, als dies angenommen wird.

In meiner Untersuchung über die alte, den Pseudoklementinen einverleibte judenchristliche Quelle der Kerygmata Petrou hatte ich bereits im Jahre 1930[3] die Aufmerksamkeit auf die Verwandtschaft des häretischen Judenchristentums mit *diesem* Judentum gelenkt, und ich hatte vorgeschlagen, dieses heterodoxe Judentum — ich nannte es „gnostisch" — als eine der Quellen des Christentums anzusehen. Im Lichte der Frage nach der Umwelt des Johannes-Evangeliums gewinnt diese Hypothese eine besondere Aktualität. Solange man geglaubt hatte, man müsse den Ursprung des Johannes-Evangeliums soweit wie möglich außerhalb der palästinensischen Sphäre suchen und solange man von jener Alternative Judentum oder Hellenismus ausging, wurde der Versuch, das Johannes-Evangelium in Beziehung zu dem nichtkonformistischen Judentum zu setzen, zwar von einer Reihe von Gelehrten bereits erwogen, aber er war noch nicht in den breiten Strom der johanneischen Forschung eingegangen. Die

---

[1] *M. Simon*, Les sectes juives au temps de Jésus, 1961.

[2] Siehe auch *L. Goppelt*, Christentum und Judentum im 1. und 2. Jahrhundert, 1954, S. 131 ff.; *H. J. Schoeps*, Urgemeinde, Judenchristentum, Gnosis, 1956, S. 44 ff.; *W. D. Davies*, Christian Origins and Judaism, 1962, S. 19 ff.; *G. Kretschmar*, Zur religionsgeschichtlichen Einordnung der Gnosis, Ev. Theol. 1959, S. 354 ff.; *W. C. van Unnik*, Die jüdische Komponente in der Entstehung der Gnosis, Vig. Chr. 1961, S. 65 f.; *M. Hengel*, Judentum und Hellenismus, 1973², S. 445, spricht von chasidisch-essenischer „Gnosis" im Sinne einer „enzyklopädischen Weisheit".

[3] *O. Cullmann*, Le problème littéraire et historique du roman pseudoclémentin. Etude sur le rapport entre le gnosticisme et le judéo-christianisme, 1930.

Kommentare von W. Bauer und R. Bultmann haben hier einen entscheidenden Wandel geschaffen.

Allerdings hatte sich auch die Überzeugung mehr und mehr durchgesetzt, daß der alttestamentliche Einfluß in diesem Evangelium keineswegs fehlt, und von hier aus drängte sich eine Revidierung jenes wissenschaftlichen Vorurteils auf, das so lange die johanneische Forschung beherrscht hatte. Freilich ist zuzugeben, daß alttestamentliche Stellen nur selten im Johannes-Evangelium zitiert werden, aber die Hinweise auf alttestamentliche Themen sind um so zahlreicher, besonders die auf das 2. Mosebuch bezüglichen. Mit Recht wird auf die Weisheitsliteratur hingewiesen[4]. Die Nähe zum palästinensischen Judentum wird durch weitere Beobachtungen nahegelegt. Nach A. Schlatter[5] hat besonders C. H. Dodd in seinem wichtigen Buch über die Auslegung des 4. Evangeliums die zahlreichen Berührungen mit dem rabbinischen Judentum betont[6]. In der Exegese lassen sich viele Beispiele finden. Anderseits zeigt sich das Evangelium mit der Topographie Jerusalems und dem jüdischen Gottesdienst und jüdischen Bräuchen sehr vertraut[7].

Schon 1929 hat H. Odeberg[8] vor allem die „jüdische Mystik" untersucht und hat so das Evangelium direkt mit dem esoterischen Judentum in Zusammenhang gebracht, in dem so viele synkretistische Tendenzen zusammentreffen. Mangels eines besseren Ausdrucks und im Bewußtsein der Schwierigkeit, eine ganz geeignete Bezeichnung zu finden, werde ich dieses Judentum in den folgenden Ausführungen als „nichtkonformistisches", oder auch als „heterodoxes Judentum", als „Randjudentum" bezeichnen. In meinen früheren Arbeiten nannte ich es „esoterisch" oder auch „gnostisch", was im Hinblick darauf, daß es sich jedenfalls um eine Vorstufe zum Gnostizismus handelt, nicht unsachgemäß wäre, aber nicht dem ganzen Phänomen gerecht wird[9].

----

[4] *F. M. Braun*, Jean le théologien. Bd. II, 1964. — Id. S. Jean, la Sagesse et l'Histoire. Neot. et Patr. Festschrift für Oscar Cullmann, 1962, S. 123 ff. — *A. Feuillet*, Etudes johanniques, 1962.

[5] *A. Schlatter*, Komm., 1960³. Siehe auch *Strack-Billerbeck*, Komm. z. NT aus Talmud und Midrasch, Bd. II, S. 302 ff.

[6] *C. H. Dodd*, The Interpretation of the Fourth Gospel, 1953. — Siehe auch *D. Daube*. The New Testament and Rabbinic Judaism, 1956.

[7] Nach der These *A. Guildings*, The Fourth Gospel and Jewish Worship, 1960 hätte sich der Verfasser für die Aufeinanderfolge der Erzählungen an den jüdischen Festkalender gehalten.

[8] *H. Odeberg*, The Fourth Gospel in its Relation to the Contemporaneous Currents in Palestine and the Hellenistic-oriental World, Neudruck 1929. — Siehe auch *G. Scholem*, Jüdische Mystik in ihren Hauptströmungen, 1957.

[9] Siehe *G. Quispel*, Jüdische Gnosis und jüdische Heterodoxie, Ev. Theol. 1954, S. 474 ff. — Nicht ganz klar ist mir, warum *W. G. Kümmel*, Einleitung in das Neue Testament, 17. Aufl. 1973, während er sehr gut zeigt, daß „die gnostische Religion im 1. Jahrhundert im syrischen Raum und in Verbindung mit *Randerscheinungen des Judentums* (von mir hervorgehoben) entstanden ist",

Hier werden wir den Ursprung des sog. Hellenismus des Johannes-Evangeliums suchen[10]. Die Exegeten, die früher aus apologetischen Gründen geglaubt hatten, den Einfluß des Hellenismus auf die johanneische Theologie verneinen zu sollen, irrten, aber ebenso die, welche im Gegenteil, ihrer kritischen Unabhängigkeit getreu, gemeint hatten, sie müßten die unleugbare Vertrautheit des Evangelisten mit dem palästinensischen Judentum bestreiten.

Dieses nichtkonformistische Judentum hat seinerseits verschiedene seiner Wurzeln im heidnischen Synkretismus der Umwelt. Scharfe Grenzen zwischen diesem Judentum und gnostischen Tendenzen können daher nicht gezogen werden. Alle Strömungen des orientalischen und hellenistischen Synkretismus der Zeit, ob wir sie in Palästina und Syrien oder in der griechischen Diaspora nachweisen, sind miteinander verwandt, und trotz ihrer durch die Eigenart der Länder und Zivilisationen bedingten Verschiedenheiten haben sie sich gegenseitig beeinflußt oder gehen auf eine gemeinsame Quelle zurück. Wohl sind viele der Dokumente, in denen dieser Synkretismus bezeugt ist, jünger als die Anfänge des Christentums. Aber die in ihnen behandelten Themen zeigen eine große Kontinuität, und einige unter ihnen können als solche viel älter sein als die Quellen, in denen sie enthalten sind. Aus diesem Grunde ist im Prinzip die heute übliche[10a] Methode nicht unberechtigt, Parallelen zwischen dem Johannes-Evangelium und dem Gnostizismus, der Hermes-Literatur, dem Mandäismus zu suchen, auch wenn die Quellen, in denen man solche zu finden glaubt, aus christlicher Zeit und aus außerpalästinensischen Gegenden stammen. Immerhin wäre auch hier ein gewisser Vorbehalt zu der Verwendung allzu später Schriften zu machen. Denn es muß ja auch mit der Möglichkeit gerechnet werden, daß ihre Verwandtschaft mit der johanneischen Theologie sich umgekehrt aus einer Beeinflussung dieser Dokumente und der in ihnen entwickelten Anschauungen durch das Johannes-Evangelium erklären könnte.

---

auf S. 192 gleichzeitig eine so scharfe Grenze zwischen dieser „jüdischen Gnosis" und „heterodoxem Judentum" zieht und nur die erstere, nicht das letztere mit der Herkunft des Johannesevangeliums in Zusammenhang bringen will. Handelt es sich um eine terminologische Frage? (Siehe unten S. 36.) — Richtig *S. Schulz*, Untersuchungen zur Menschensohn-Christologie im Johannesevangelium, 1957, S. 116: „Die Grenzen zwischen einem heterodoxen und einem gnostisierenden Judentum sind fließend."

[10] *S. Schulz*, Komposition und Herkunft der joh. Reden, 1960, zeigt in der Weiterführung seiner „Untersuchungen zur Menschensohnchristologie im Johannesevangelium", 1957, die verschiedenen Strömungen dieses Judentums auf, die sich im 4. Evangelium begegnen.

[10a] neuerdings von *E. Yamauchi*, Pre-Christian Gnosticism. A Survey of the Evidences, 1973, allerdings in Frage gestellte.

Jedenfalls sollten prinzipiell zuerst solche Quellen herangezogen werden, deren vorchristliches Datum feststeht, und erst in zweiter Linie sollten die anderen berücksichtigt werden, wenn sie die gleichen Strömungen aufweisen. Von hier aus ist ein besonderer Platz den *Qumran-Rollen* einzuräumen. Die fast unübersehbare Literatur über diese Schriften und ihre Beziehung zum ältesten Christentum betreffen größtenteils gerade unser Evangelium. Ich erwähne hier nur einige wenige Namen wie F. M. Braun[11], G. Baumbach[12], Herbert Braun[13], K. G. Kuhn[14], O. Betz[15], J. Roloff[16]. Sie haben die verwandten Anschauungen der Qumran-Sekte und der johanneischen Theologie untersucht. Verschiedene grundlegende Anschauungen, besonders der „Dualismus"[17] sowie die Auffassung vom „Geiste"[18], sind miteinander verglichen worden.

Die Rolle der Waschungen in der Qumrangemeinschaft wie im allgemeinen im sektiererischen Judentum[19], ihre geheiligten Mahlzeiten, die Kritik am Tempel und Priestertum Jerusalems sind als Hintergrund gewisser gottesdienstlicher Auffassungen des Johannes-Evangeliums sicher mit in Betracht zu ziehen. Das schließt natürlich wesentliche Unterschiede zwischen der johanneischen Auffassung der Lösung vom Tempel sowie zwischen Taufe und Abendmahl im Johannes-Evangelium einerseits und der Tempelkritik der Qumransekte sowie den entsprechenden Qumran-Riten anderseits nicht aus. Neben den Berührungspunkten müssen immer die grundlegenden Abweichungen Gegenstand solcher Vergleiche sein. Aber wie wichtig letztere auch sein mögen, sie können den Schluß nicht entkräften, daß der Vorstellungsbereich Qumrans in vieler Beziehung der johanneischen Theologie näherkommt als derjenige des offiziellen Judentums. Die Frage, ob wir auch einen *historischen* Zusammenhang, der etwa über Johannes den Täufer und seine Jünger ginge, annehmen dürfen, ist unmöglich mit Sicherheit zu beantworten. Aber es ist auf jeden Fall wahrscheinlich, daß Johannes der Täufer trotz aller Eigenständigkeit und Ver-

---

[11] *F. M. Braun*, Jean le Théologien, Bd. II 1964, dessen gründliche Untersuchungen, auch Einzelstudien, über die Umwelt zu empfehlen sind.

[12] *G. Baumbach*, Qumran und das Johannesevangelium, 1957.

[13] *Herbert Braun*, Qumran und das Neue Testament, 1966.

[14] *K. G. Kuhn*, Johannesevangelium und Qumrantexte, (Neotest. et Patr. Festschrift für O. Cullmann) 1972, S. 111 ff.

[15] *O. Betz*, siehe unten Anm. 18.

[16] *J. Roloff*, Der johanneische Lieblingsjünger und der Lehrer der Gerechtigkeit, NTS 1969, S. 129 ff. — Siehe unten S. 81 Anm. 25.

[17] Über den Dualismus Qumrans siehe *W. Huppenbauer*, Der Mensch zwischen zwei Welten, 1959. — Über die Beziehung zum 4. Evangelium siehe *J. H. Charlesworth*, A Critical Comparison of the Dualism in QS III,13—IV,26 and the „Dualism" contained in the 4th Gospel, NTSt 1968/69, 389 ff.

[18] *O. Betz*, Der Paraklet. Fürsprecher im häretischen Spätjudentum, im Johannesevangelium und in neugefundenen gnostischen Schriften, 1963.

[19] *O. Cullmann*, Pseudoclémentines und *J. Thomas*, Le mouvement baptiste en Palestine et en Syrie, 1935.

schiedenheit in den *Umkreis* der jüdischen Taufbewegung und der mit ihr
verbundenen Sonderanschauungen gehört[20], und daß diese auf diesem
Wege den johanneischen Kreis beeinflußt haben, zumal die enge Berührung zwischen Johannes-Evangelium und Täuferjüngern, zu denen wohl
der Verfasser gehört hat, kaum zu bestreiten ist[21].

Lange vor der Entdeckung der Handschriften vom Toten Meer ist in der
Tat die *Täufersekte* mit dem Johannes-Evangelium zusammengebracht
worden. Nach W. Baldensperger[22], auf dessen bereits sehr erhellenden
Ausführungen er fußt, kommt besonders R. Bultmann[23] das Verdienst zu,
durch seinen viel beachteten Artikel von 1925 das Interesse der Johannes-
Forschung auf die Rolle dieser Sekte gelenkt zu haben. Er betonte gleichzeitig ihre Beziehung zu den Mandäern, deren heilige Schriften damals
dank der Übersetzung Lidzbarskis weiteren Kreisen zugänglich gemacht
worden waren und in denen Johannes der Täufer zuweilen als Gesandter
erscheint. In der unmittelbar darauffolgenden Zeit der 20er und 30er
Jahre waren mit wenig Ausnahmen fast alle Arbeiten über das Johannes-
Evangelium von der mandäischen Frage beherrscht. M. Goguel sprach damals von einem „mandäischen Fieber", das die Neutestamentler ergriffen
habe. Die beiden großen Kommentare, die 1930 und 1941 entstanden,
derjenige W. Bauers und dann besonders derjenige R. Bultmanns, bringen
viele Zitate aus den mandäischen Schriften.

Es ist zuzugeben, daß diese Dokumente, wenn sie auch nicht wie die
Qumranrollen als Schriften in der jetzigen Form vorchristlich sind, doch
der gleichen Sphäre angehören wie die jüdischen Täufersekten und daß
aus den oben angegebenen Gründen das sehr späte Datum der letzten
Schichten der mandäischen Texte die Vorwürfe, die gegen ihre Verwendung gemacht worden sind, nicht a priori rechtfertigt. Immerhin stimmt
es, daß die Mandäer etwas wahllos, nicht immer unter Berücksichtigung
der Unterscheidung der verschiedenen Schichten, als Parallelen zum Johannes-Evangelium zitiert wurden. H. Lietzmann hat dann im Gegenteil sogar
geglaubt, ihnen jeden Wert für das Verständnis der neutestamentlichen
Umwelt absprechen zu sollen. Aber die neueren gründlichen Arbeiten K.
Rudolphs haben auf Grund der Herausgabe neuer Texte durch Lady
Drower mit sehr großer Wahrscheinlichkeit nachgewiesen, daß der Ursprung der Mandäer in die vorchristliche Zeit und in die Nähe Palästinas

---

[20] Über die Beziehung zu Qumran siehe jetzt *J. Schmitt*, Le milieu baptiste
de Jean le précurseur, RScR 1973, S. 391 ff.
[21] Siehe außer dem nächsten Abschnitt unten S. 64 f., 70, 75, 76, 82 f., 93.
[22] *W. Baldensperger*, Der Prolog des 4. Evangeliums. Sein polemischer und
apologetischer Zweck, 1898.
[23] *R. Bultmann*, Die Bedeutung der neuerschlossenen mandäischen und manichäischen Quellen für das Verständnis des Johannesevangeliums, ZNW 1925,
S. 100 ff.

gehört[24]. Freilich verneint Rudolph die Beziehung zwischen den Mandäern und der Sekte des Johannes des Täufers[25]. Aber die Annahme, daß die spätere Täufersekte und die Mandäer immerhin einer gemeinsamen *Umwelt* angehören, findet eine Stütze in der Feststellung, daß einerseits wichtige Begriffe des Mandäertums im Johannes-Evangelium vorhanden sind und anderseits die ersten Kapitel eine offenkundige, nicht zu leugnende Polemik gegen eine Sekte enthalten, die in Johannes dem Täufer ihren Messias oder zumindest den Propheten der Endzeit sehen (Pseudo-Klementinen Rec. I,54—60; siehe auch Lk 3,15).

R. Bultmann mißt besonders dem Einfluß des mandäischen Erlösermythus auf die johanneische Theologie eine große Bedeutung bei. Er sieht in diesem Mythus eine Ausprägung des mehr allgemeinen, auch in anderen Systemen bezeugten gnostischen Mythus, von dem bereits R. Reitzenstein gesprochen hatte[26]. Das Mandäertum gehört in der Tat in den Umkreis, den man als gnostisch zu bezeichnen pflegt und in dem dieser Mythus beheimatet ist. Die mandäischen Texte kennen jedoch nicht einen, sondern mehrere „himmlische Abgesandte". Sicher klingen gewisse johanneische Formulierungen an solche Begriffe und Vorstellungen an, und ohne daß eine sichere historische Ableitung möglich ist, kann daraus geschlossen werden, daß das Johannes-Evangelium durch Vermittlung eines gewissen Judentums mit einer jedenfalls verwandten Begriffswelt in Berührung ist.

Inwiefern der Ausdruck „gnostisch" nur im Zusammenhang mit dem sog. Erlösermythus angewandt werden darf[27], ist ein Problem für sich. Er bezieht sich ja primär auf Erlösung durch „Gnosis". Die terminologische Diskussion ist uferlos. Wir haben schon gesehen, daß das Johannes-Evangelium als Ganzes auch als „gnostisch" bezeichnet worden ist. Daran ist soviel richtig, daß das heterodoxe Judentum, dem das Evangelium entstammt, *prägnostische* Züge aufweist. Daher kommt es, daß das Evangelium in gnostischen Kreisen besonders hoch geschätzt wurde. Aber die Verwandtschaft mit synkretistischen, auch gnostischen Gedankengängen rechtfertigt jedenfalls die Beziehung kaum. Mit G. Bornkamm ist festzuhalten, daß das Johannes-Evangelium „in eine gnostische Anschauungswelt

---

[24] *K. Rudolph*, Die Mandäer I und II, 1960/61. Neuerdings weitgehend bestritten von *E. M. Yamauchi*, op. cit., oben S. 33, Anm. 10[a].

[25] Bd. I, S. 66 ff.

[26] Siehe die sehr vollständige kritische Übersicht *C. Colpes*, Die religionsgeschichtliche Schule. Darstellung und Kritik ihres Bildes vom gnostischen Erlösermythus, 1961. Ferner im Kommentar von *R. Schnackenburg*, Bd. I, S. 433, den Exkursus 6.

[27] So die heutige Tendenz. Hängt die oben S. 32 Anm. 9 erwähnte, durch *W. G. Kümmel* vorgenommene scharfe Grenzziehung zwischen jüdischer Gnosis und heterodoxem Judentum auch damit zusammen?

hineinspricht und daß dabei auch die Differenzen zur Gnosis ans Licht kommen"[28].

Jedenfalls darf wegen der Verwendung von mit dem „Erlösermythus" analogen Begriffen im Johannes-Evangelium diesem in der Erklärung der johanneischen Christologie nicht die entscheidende Rolle zugeschrieben werden, die R. Bultmann und seine Schüler ihm beimessen[29]. Die nur aus dem spezifisch urchristlichen Glauben abzuleitenden Motive dieser Christologie kommen auf diese Weise zu kurz. Aber zur Bestimmung der Umwelt unseres Evangeliums, auch seiner theologischen Einreihung innerhalb des Urchristentums, behalten die begrifflichen von diesen Gelehrten herangezogenen Parallelen ihren Wert. Die Frage, inwiefern die jüdischen Begriffe der „Weisheit" und des göttlichen Wortes mit jenem Erlösermythus in Verbindung stehen, muß hier auch erwähnt werden[30].

Im allgemeinen müssen wir bei der Konfrontierung der johanneischen Theologie mit der Gnosis davor warnen, einseitig *alle* Berührungspunkte zwischen beiden immer nur im Sinne einer Beeinflussung des Johannes-Evangeliums durch bestimmte gnostische Vorstellungen zu erklären. Abgesehen von der schon erwähnten Möglichkeit, im Hinblick auf deren Bezeugung durch im allgemeinen späte Dokumente auch umgekehrt mit einer Abhängigkeit dieser vom Johannes-Evangelium zu rechnen, sollte man aber überhaupt nicht nach gegenseitiger Abhängigkeit fragen. Es handelt sich um Analogien, und diese gehen letzten Endes auf eine *gemeinsame Sphäre* zurück. Querverbindungen, besonders auch solche zwischen den verschiedenen heterodoxen jüdischen Sekten, weisen auch in diese Richtung[31]. Daß man auf diese Weise die Umwelt des johanneischen Kreises nicht so *konkret* bestimmen kann, wie man es wünschte, ist unvermeidlich und tut der allgemeinen Kennzeichnung des Mutterbodens keinen Abbruch.

---

[28] *G. Bornkamm*, Geschichte und Glaube. Gesammelte Aufsätze Bd. III, 1968. Zur Interpretation des Johannesevangeliums, S. 118. Er kritisiert hier *E. Käsemanns* Jesu letzter Wille nach Johannes 17, nicht nur was den vermeintlichen „naiven Doketismus", sondern was den Gnostizismus des Evangeliums betrifft. Siehe S. 119 f: „Die gnostischen Züge sind nicht eigentlich gnostisch verstanden." Damit ist Bornkamm näher bei Bultmann als bei Käsemann. Wie *E. Ruckstuhl* (siehe den oben S. 13 Anm. 2 zitierten Artikel, S. 150) verweist *G. Bornkamm* auch auf die antignostische Aussage Joh. 3,16, die Käsemann allerdings anders auslegt. — Zu Käsemanns Arbeit siehe auch *H. Hegermann*, Er kam in sein Eigentum. Zu der Bedeutung des Erdenwirkens Jesu im vierten Evangelium. Festschrift für J. Jeremias 1970, S. 112 ff.

[29] Siehe etwa den Artikel *Wayne A. Meeks*, The Man from Heaven in Johannine Sectarianism, JBL 1972, S. 44, der in anderer Beziehung interessante Gesichtspunkte enthält. Siehe unten S. 42 Anm. 1.

[30] *A. Feuillet*, Le Christ Sagesse de Dieu d'après les Epîtres pauliniennes, 1966 und *F. Christ*, Jesus Sophia. Die Sophia-Christologie bei den Synoptikern, 1970.

[31] Siehe besonders *F. M. Braun*, Jean le Théologien, Bd. II.

Ein Beispiel für die Schwierigkeit jeder darüber hinaus gehenden Erklärung der Beziehung des Johannes-Evangelium zur Umwelt liefern die „Oden Salomos"[32]. Diese bieten so auffällige Parallelen, daß oft angenommen worden ist, sie seien dem Johannes-Evangelium entnommen. Jedoch scheint die Verwandtschaft der Oden Salomos mit den Hodajot von Qumran[33] eher zugunsten ihrer Unabhängigkeit vom Johannes-Evangelium zu sprechen, und da eine direkte Benützung der Oden durch unser Evangelium auch nicht wahrscheinlich ist, so muß auch hier die Lösung in einer gemeinsamen geistigen Umgebung gesucht werden, um so mehr als die syrische Sprache der meisten Oden, wenn sie wirklich ursprünglich ist, auch geographisch in die Nähe jenes nichtkonformistischen Judentums weist, in dem das Johannes-Evangelium verwurzelt ist.

Der Hinweis auf die heidnische Literatur der „Offenbarungen des Hermes Trismegistos", die von A. J. Festugière genauer untersucht worden ist[34], kann in gewissen Fällen wertvoll sein[35]. Allerdings stellt sich hier ebenfalls das Problem eines etwaigen Einflusses unseres Evangeliums auf diese Literatur, wenn wirklich eine christliche Überarbeitung angenommen werden kann (F. M. Braun). Auf jeden Fall lassen auch hier die Ähnlichkeiten (z. B. Logos, zweite Geburt) eine gemeinsame Sphäre vermuten.

Was den *christlichen* Gnostizismus betrifft, so ist hier in erster Linie der *judenchristliche* Gnostizismus, der in den Pseudoklementinen vorliegt[36], wegen seiner engen Verwandtschaft mit dem ganzen nichtkonformistischen Judentum heranzuziehen. In zweiter Linie kommen auch die koptischen in Nag Hammadi entdeckten Handschriften in Betracht. Sie haben offenkundig christliche Bücher benützt, und hier scheint es zunächst natürlicher als sonstwo, die zahlreichen Parallelen auf eine direkte Abhängigkeit vom Johannes-Evangelium zurückzuführen. Aber in vielen Fällen ist

[32] R. Harris—A. Mingana, The Odes and Psalms of Solomon, 1920. Deutsche Übersetzung *W. Bauer* in *Hennecke-Schneemelcher*, Neutestamentliche Apokryphen II, 1964[3], S. 576 ff. Dazu *F. M. Braun*, Jean le Théologien I, S. 232 ff. und II, S. 224 ff.
[33] Zuletzt *H. Charlesworth*, Les Odes de Salomon et les manuscrits de la mer morte, RB 1970, S. 522 ff.
[34] *A. J. Festugière*, La Révélation d'Hermès Trismégiste, 4 Bde, 1950/54. — Für die Textausgabe siehe *A. D. Nock—A. J. Festugière*, Corpus hermeticum, 1945/54.
[35] Siehe *J. D. Kilpatrick*, The Religious Background of the Fourth Gospel, (Studies in the Fourth Gospel) 1957, S. 76 ff.
[36] Außer meiner Arbeit (siehe oben S. 31) siehe die jüngere Untersuchung *G. Streckers*, Judenchristentum in den Pseudoklementinen, 1958. Ferner meinen Artikel, Die neuentdeckten Qumrantexte und das Judenchristentum der Pseudoklementinen, Festschrift für R. Bultmann, 1954, S. 35 ff. (jetzt auch in O. Cullmann, Vorträge und Aufsätze 1925—62, S. 241 ff.).

doch auch ein vorchristlicher Ursprung vorauszusetzen, und unter diesem
Gesichtswinkel sind denn auch die wichtigsten Dokumente, die zu dieser
Bibliothek gehören, schon mit dem Johannes-Evangelium verglichen worden, so vor allem das Evangelium Veritatis[37], aber auch das „Apokryphon
des Johannes" und das „Evangelium des Philippus"[38].

Dagegen sind die neueren Studien über die *samaritanische* Religion
noch nicht genügend für das Verständnis gewisser johanneischer Vorstellungen ausgewertet worden, obwohl diese Religion sowohl unserem Evangelium als dem heterodoxen Judentum in gewisser Beziehung besonders
nahesteht. Durch neuere Ausgaben werden die Quellen, der samaritanische
Pentateuch, die Chroniken, die Liturgie, das Werk „Memar" des Samari-
taners Marqah aus dem 4. Jahrhundert n. Chr.[39] zugänglich gemacht.
Die Literatur über diese merkwürdige Gemeinschaft, die, obwohl vom
offiziellen Judentum getrennt, doch die Hüterin der wahren Traditionen
Israels zu sein behauptet, ist in diesen letzten Jahren beträchtlich ange-
wachsen. Außer den allgemeinen Werken, dem älteren M. Gasters[40] und
dem jüngeren J. Macdonalds[41] über die samaritanische Religion, erscheinen
jährlich eine große Anzahl wichtiger Einzelstudien[42].

Aus Gründen, die ich erst im nächsten Kapitel ausführen kann, scheint
es mir unerläßlich, in dieser Diskussion über die Umwelt des Johannes-
Evangeliums diese Religionsform stärker zu berücksichtigen, da sie ein
besonderes Licht zugleich auf das heterodoxe Judentum und auf den johanneischen Kreis wirft. In vieler Hinsicht scheint sie mir eine ebenso
wichtige, wenn nicht wichtigere synkretistische Strömung darzustellen, um
den Hintergrund unseres Evangeliums zu erforschen, als gewisse andere
gnostische Erscheinungen, von denen wir gesprochen haben und die in den
Kommentaren so oft zitiert werden. Sie hat wie die Qumransekte den Vorteil, uns nicht nur mit bestimmten Spekulationen und Glaubensformen
bekannt zu machen, sondern mit ihren gemeindlichen und gottesdienstlichen Strukturen, ferner den Vorteil, daß erwiesenermaßen ihre Anhänger

---

[37] Hrsg. v. *M. Malinine, H. Ch. Puech, G. Quispel,* Evangelium Veritatis,
1956, 1961. — Siehe dazu *C. K. Barrett,* The theological Vocabulary of the
Fourth Gospel and the Gospel of Truth. Festschrift für O. Piper, 1962, S. 210 ff.
[38] Siehe zum ganzen Fund den Aufsatz *J. M. Robinsons,* The Coptic Gnostic
Library Today, NTS 1967/68, S. 356 ff.
[39] Hrsg. von *J. Macdonald,* Memar Marqah, The Teaching of Marqah, BZAW
1963.
[40] *M. Gaster,* The Samaritans, their History, Doctrines and Literature, 1925.
[41] *J. Macdonald,* The Theology of the Samaritans, 1964.
[42] Siehe die neueren Bibliographien von *L. A. Mayer* und *D. Broadribb,* Bibliography of the Samaritans und von *P. Sacchi,* Studi Samaritani (Riv. di Storia
e Letteratura religiose, 1969, S. 413 ff.). — Während der Drucklegung der vorliegenden Arbeit ist erschienen: *R. J. Coggins,* Samaritans and Jews, 1974.

in Palästina zur Zeit des Neuen Testaments lebten[43]. Ich habe in zwei in
den Jahren 1953/1954 und 1958/1959 erschienenen Artikeln im Rahmen
der Feststellung einer Dreiecksbeziehung: heterodoxes Judentum — Hellenisten der Apostelgeschichte — Johannesevangelium die Aufmerksamkeit
auf die Bedeutung der Mission in Samarien für die johanneischen Studien
gezogen[44]. Andere Gelehrte, vor allem Spezialisten für die samaritanische
Religion, haben dann in dieser Richtung geforscht und vor allem die theologischen Auffassungen des Johannes-Evangeliums mit denen der Samaritaner konfrontiert. Wir werden von ihren wichtigen Arbeiten im nächsten
Kapitel sprechen[45].

Wir kommen zum Schluß, daß als Umwelt des Evangeliums ein vom
Synkretismus beeinflußtes Judentum im Umkreis Palästinas und Syriens
anzusprechen ist. In ihm ist der Mutterboden des johanneischen Kreises zu
suchen. Ich habe schon früher die Vermutung ausgesprochen, daß die Art
und Weise, wie das Johannes-Evangelium an so vielen Stellen von „den
Juden" spricht, die kollektiv als Feinde erscheinen, aus der Terminologie
stammen könnte, die heterodoxe Gemeinschaften auf das offizielle Judentum anwandten[46].

---

[43] *W. G. Kümmel*, Einleitung 1973[17], S. 192, spricht entgegen seinen ihm
sonst eigenen umsichtigen Urteilen summarisch von der „völlig unbewiesenen
Behauptung, das Johannesevangelium stehe unter samaritanischem Einfluß".

[44] La Samarie et les origines de la mission chrétienne (Annuaire 1953/54 de
l'Ecole des Hautes—Etudes). — L'opposition contre le temple de Jérusalem motif
commun de la théologie johannique et du monde ambiant, NTS 1958/1959,
S. 157 ff. (der erstgenannte Artikel auch übersetzt in O. C., Vorträge und Aufsätze 1920—1962, S. 232 ff., der zweite in erweiterter Form ib., S. 260 ff.

[45] Vor allem *J. Bowman*, Samaritan Studies, Bull. J. R. L. 1958, S. 298 ff.
und Samaritanische Probleme. Studien zum Verhältnis von Samaritanertum,
Judentum und Christentum, 1967. Nach ihm *E. D. Freed*, Samaritan Influence
in the Gospel of John. Cath. Bibl. Quart. 1968, S. 580 ff.; id. Did John write
his Gospel partly to win Samaritan Converts?, NT 1970, S. 241 ff. — *C. H. H.
Scobie*, The Origins and Development of Samaritan Christianity, NTS 1973,
S. 390 ff. — Ich selbst habe unter Einbeziehung neuerer Arbeiten meinerseits
erneut zu dem Problem Stellung genommen in La Samarie et les origines
chrétiennes. Mélanges d'Histoire ancienne pour W. Seston, 1974, S. 135 ff.
Über die Beziehung der Samaritaner zur Gnosis, besonders zu den Dosithea-
nern und den Sethianern siehe *W. Beltz*, Samaritanertum und Gnosis. In Gnosis
und Neues Testament, herausg. von K.-W. Tröger, 1973, S. 89 ff.

[46] Joh. 4,22 muß dann allerdings als Einschränkung, als Anerkennung der
Tatsache angesehen werden, daß der Weg des Heils doch über die Juden geht.
Eine andere Erklärung der Bezeichnung οἱ Ἰουδαῖοι gibt im Zusammenhang
mit dem samaritanischen Einfluß auf das Johannesevangelium *G. W. Buchanan*, siehe unten S. 54 f.

VI. Kapitel

DIE EINREIHUNG DES JOHANNEISCHEN KREISES INNERHALB DES URCHRISTENTUMS

Die Fragen, die wir im vorstehenden Kapitel behandelt haben, werden in allen Kommentaren und in allen johanneischen Studien erörtert. Sie betreffen aber ausschließlich die *nichtchristliche* Umwelt. Es wäre ein Irrtum zu glauben, damit sei die Frage nach dem johanneischen Kreis schon gelöst, als ob dieser nur ein Glied in der langen Kette der „synkretistischen" Bewegung wäre. In Wirklichkeit erlaubt die Verwandtschaft gewisser Gedankengänge dieses Kreises mit dem Synkretismus keineswegs einen derartigen Schluß. Das Johannes-Evangelium ist trotz der unbestreitbaren Berührungen, die für die nähere geistige Lokalisierung sehr in Betracht zu ziehen sind, nicht einfach nur ein Produkt des gnostischen Synkretismus. Eine derartige Folgerung würde eine geschichtliche Auffassung implizieren, die sich auf die Anfänge des Christentums nicht anwenden läßt, zumal die Tätigkeit Jesu in der theologischen Perspektive des Johannesevangeliums, das sich ja auch historischer Traditionen über sein Leben bedient, den Rahmen dieser synkretistischen Bewegung sprengt, wie sehr diese auch gewisse Ausdrücke des von Jesus geweckten Glaubens beeinflußt haben mag. Die Untersuchung der jüdischen und heidnischen Umwelt kann uns nicht von der Aufgabe entbinden, das Evangelium mit seiner ausgesprochenen Eigenart innerhalb des entstehenden Christentums einzureihen. Was Harnack mit Recht das größte Rätsel in der Geschichte der Anfänge des Christentums nennt, kann nicht erklärt werden, ohne daß diese Frage gelöst wird. Neben dem synoptischen Typus und dem paulinischen (bzw. auch deuteropaulinischen) gibt es den johanneischen, und es geht nicht an, seinen Ursprung einfach außerhalb der konstitutiven Elemente des Urchristentums zu suchen.

Ebensowenig kann die Eigenart dieser Ausprägung des Christentums ausschließlich auf das Konto der Individualität des Evangelisten gesetzt werden. Freilich muß seine starke Persönlichkeit in jeder Beziehung berücksichtigt werden. Wir haben gesehen, daß er vor allem der Schöpfer der Grundkonzeption der johanneischen Leben-Jesu-Darstellung ist. Aber hinter ihm muß doch eine Gruppe von Christen stehen, die nicht nur über Sondertraditionen über Jesus verfügte, sondern deren Glauben an Jesu Person und Werk besondere Züge aufwies. Schon die Prüfung der literarischen Einheit des Evangeliums hat das Vorhandensein, wenn nicht einer eigentlichen johanneischen „Schule", so doch jedenfalls einer johanneischen Gruppe nahegelegt. Die Beziehung zwischen unserem Evangelium und den johanneischen Briefen, die ohne Zweifel eine enge Verwandtschaft, aber nicht unbedingt Identität des Verfassers zeigen, stellt ebenfalls das Problem der Existenz eines „johanneischen Kreises".

E. Käsemann betont mit Recht, daß es sich um eine Gemeinschaft handelt[1]. Aber indem er diese Gemeinde als „gnostisch" und „doketisch" betrachtet, entfernt er sie vollständig nicht nur vom historischen Jesus, sondern auch vom übrigen Urchristentum. Alle unsere bisherigen Feststellungen veranlassen uns jedoch, ein Band mit dem, was wir über die Urkirche wissen, anzunehmen. Diese Gemeinde ist als solche mehr als eine „in den Winkel abgedrängte urchristliche Gemeinschaft"[2]. Wir werden sehen, daß der von ihr vertretene Typus im Neuen Testament nicht nur durch das Johannes-Evangelium und die Johannesbriefe bezeugt ist.

Allzuoft stellt man noch die Geschichte des Christentums des 1. Jahrhunderts ausschließlich nach dem Schema der Unterscheidung zwischen Judenchristentum Palästinas und Heidenchristentum der Diaspora dar. Theoretisch hat man das Hegelsche Schema, das die Tübinger Schule auf das alte Christentum angewandt hatte, zwar aufgegeben. Aber praktisch steht man noch immer mehr oder weniger unter seinem Einfluß. Von diesem Schema aus reihte man früher mit Vorliebe das Johannes-Evangelium in das Heidenchristentum der Diaspora ein. Aber der Irrtum der exklusiven Gegenüberstellung Judenchristentum — Heidenchristentum entspricht dem im vorhergehenden Kapitel aufgezeigten Irrtum des Schemas: nichthellenistisches Judentum Palästinas — hellenistisches Judentum der Diaspora. So wenig das palästinensische *Judentum* als homogene Größe einem hellenistischen der Diaspora gegenübergestellt werden darf, so wenig darf das Heiden*christentum* in Gegensatz zu einem homogenen Juden*christentum* Palästinas gestellt werden. E. Lohmeyer hatte schon die Notwendigkeit hervorgehoben, zwischen Christen Galiläas und Christen Judäas zu unterscheiden[3]. Aber es gilt, das palästinensische Judenchristentum weiter zu differenzieren.

Da im neutestamentlichen Zeitalter in *Palästina* selbst dem offiziellen

---

[1] Er spricht, wie schon erwähnt, von einer „ecclesiola in ecclesia" (siehe oben S. 15), *W. A. Meeks* (siehe den oben S. 37 Anm. 29 zitierten Artikel) von einer „Sekte". Vor ihnen hat besonders *A. Kragerud* die Existenz einer johanneischen Gruppe postuliert. Seine Kollektivdeutung des „Lieblingsjüngers" ist freilich sehr problematisch. Siehe *A. Kragerud*, Der Lieblingsjünger im Johannesevangelium, 1959.

[2] So *E. Käsemann*, Jesu letzter Wille, op. cit., S. 73.

[3] *E. Lohmeyer*, Galiläa und Jerusalem, 1936.

Judentum ein heterodoxes gegenüberstand, in dem fremde Elemente sich zusammenfanden, sollte man sich a priori fragen, ob diese *jüdische* Situation sich nicht im entstehenden Christentum widerspiegelt. Haben die ersten Christen sich wirklich nur aus Gliedern des *offiziellen* Judentums rekrutiert? Dies ist schon a priori nicht wahrscheinlich. Da das Johannes-Evangelium eine große Verwandtschaft mit dem nichtkonformistischen Judentum aufweist, muß erwogen werden, ob es in der Urkirche Jerusalems nicht auch eine Gruppe oder Gruppen gab, die von diesem Judentum herkamen und sich nach ihrer Bekehrung von den übrigen Anhängern Christi unterschieden, die eher dem offiziellen Judentum angehörten. Besitzen wir direkte Nachrichten über das Vorhandensein einer solchen Gruppe in Palästina?

Wenn wir der Apostelgeschichte nicht jeden historischen Wert für die Kenntnis der Anfänge des Christentums absprechen, was mir trotz der freilich zu berücksichtigenden theologischen Interessen des Lukas unstatthaft scheint, ist diese Frage zu bejahen. Es handelt sich um die sog. „Hellenisten", von denen der Verfasser der Apostelgeschichte im 6. Kapitel spricht und die dort den „Hebräern" gegenübergestellt werden (6,1 ff.). Die meisten Forscher sind sich darüber einig, daß diese Hellenisten nicht einfach als Leute anzusehen sind, die griechisch sprachen. Das Verbum ἑλληνίζειν bedeutet „leben" (oder auch „denken") nach Art der Griechen. Die Bezeichnung, die als solche für die Charakterisierung der Gruppe nicht viel besagt[4], bezieht sich dementsprechend eher auf eine Sondergruppe, die fremden Einflüssen offener gegenüberstand und im Hinblick auf das jüdische Gesetz und den Tempelkult eine freiere Haltung einnahm als die übrigen Glieder der Urgemeinde. Ich kann hier die Frage der Hellenisten nicht im einzelnen behandeln. Ich habe ihr verschiedene Abschnitte in meinen Veröffentlichungen gewidmet[5]. Anderseits hat M. Simon das Problem auch gründlich erörtert[6]. Ich muß mich hier auf die Hauptpunkte der Beweisführung beschränken.

Diese Hellenisten gehören nach Lukas von Anfang an zur Urgemeinde. Diese Tatsache ist wichtig. Sie müssen also ein besonders geartetes *Juden-*

---

[4] Es ist schon vorgeschlagen worden, sie im Gegenteil „Hebräer" zu nennen. (Siehe *E. Trocmé*, Le livre des Actes et l'Histoire, 1957, S. 190 f.). Diese Diskussion scheint mir unwichtig. Ähnlich *C. H. H. Scobie*, The origins and development of Samaritan Christianity, NTS 1973, S. 399: „Diese Frage mag offenbleiben." Im weiteren Verlauf seines Artikels spricht er von der „Stephanus-Philippus-Gruppe". Ich werde die Glieder der Gruppe im folgenden dem üblichen Brauche gemäß „Hellenisten" nennen.

[5] Siehe O. C., Vorträge u. Aufsätze 1925—1962 das Kapitel „Sonderströmungen des Judentums und ältesten Christentums" (S. 225 ff.); unter den dort vereinten Aufsätzen besonders die deutsche Übersetzung durch *K. Fröhlich* des in Studi e materiali di Storia delle religioni 1958, S. 3 ff. erschienenen Artikels Le scoperte recenti e l'enigma del Vangelo di Giovanni.

[6] *M. Simon*, St. Stephen and the Hellenists in the Primitive Church, 1958.

tum vertreten haben, schon *bevor* sie sich der christlichen Gemeinde anschlossen, und nichts spricht dagegen, daß einige unter ihnen *Jesus schon zu seinen Lebzeiten gefolgt waren.*

Nach der Apostelgeschichte wären die „Sieben" gewählt und mit dem „Tafeldienst" erst in der Folge eines Konflikts zwischen Hellenisten und Hebräern beauftragt worden. Aber Lukas hat selbst die Spuren der Erinnerung daran festgehalten, daß ihre Rolle in Wirklichkeit viel wichtiger war, wenn er nachher von ihrer Predigertätigkeit spricht. Sie müssen offenbar schon vorher die Führer der Gruppe der christlichen Hellenisten innerhalb der Urgemeinde gewesen sein. Ihre Autorität scheint derjenigen der Zwölf analog gewesen zu sein, wenn sie dieser auch irgendwie untergeordnet war. Stephanus wird unter den Sieben der Repräsentativste gewesen sein.

Um sich gegen die Anklage zu verteidigen, gegen den Tempel zu sprechen und das Gesetz zu ändern, hält er eine äußerst kühne Verteidigungsrede, in der er den Juden vorwirft, ihrerseits das Gesetz Moses übertreten zu haben, und er geht sogar so weit, den Tempelbau zu Jerusalem durch Salomo als den Gipfel ihrer Untreue hinzustellen, nachdem er kurz vorher die Errichtung des goldenen Kalbs erwähnt hat (Apg 7,41—48). Diese für Juden höchst gotteslästerlichen Gedanken wurden offenbar von der ganzen Gruppe der Hellenisten geteilt[7], denn nach dem Märtyrertod des Stephanus vertrieben die Juden alle seine Glieder aus Jerusalem, während die Zwölfe dort bleiben konnten (Apg 8,1)[8]. Daraus ist mit Sicherheit zu schließen, daß die Predigt der Hellenisten sich von derjenigen der tempeltreuen Hebräer unterschied, die den Juden keinen Anlaß zur Verfolgung gab.

Entgegen seiner eigenen Tendenz, Unstimmigkeiten unter den ersten Christen zu übergehen oder zu bagatellisieren, hat der Verfasser der Apostelgeschichte auch die Erinnerung an ein gewisses Mißtrauen der Führer der Jerusalemer Urgemeinde festgehalten gegenüber der Missionstätigkeit dieser Hellenisten in Samarien und in den anderen Gegenden, in die sie sich nach ihrer Verfolgung begaben. Die Predigt der Hellenisten in Samarien war von Erfolg gekrönt: die Samaritaner kamen zum Glauben und ließen sich taufen (Kap. 8,4 ff.). Trotzdem fügt Lukas im Vers 14 hinzu,

---

[7] Gegen *M. H. Scharlemann*, Stephen a Singular Saint (Analecta Bibl. 1968, siehe unten S. 53 f. mit Anm. 40 und 41). Das Argumentum e silentio wird von Scharlemann zu Unrecht angeführt, um die Zugehörigkeit des Stephanus zur Gruppe der Hellenisten zu bestreiten. Das Gegenteil geht so offenkundig aus dem Kontext hervor, daß Lukas es wirklich nicht nötig hatte, ausdrücklich zu sagen, daß Stephanus zu den Hellenisten gehörte. Auch *R. Scroggs*, The Earliest Hellenistic Christianity, Religions in Antiquity 1968, S. 176 ff. und *L. Gaston*, No Stone on another, 1970, S. 154 ff. sehen Stephanus als zur Gruppe gehörend an.

[8] Es ist bezeichnend, daß Lukas trotz seiner Tendenz, die innerhalb der Urgemeinde existierenden Unstimmigkeiten zu bagatellisieren, diese wichtige Notiz hat stehenlassen, die *E. Haenchen*, Die Apostelgeschichte (H. A. W. Meyer-Komm., ad loc., 5. Aufl. 1965) zu Unrecht aufs Konto des Lukas setzt.

daß die Jerusalemer Gemeinde Petrus und Johannes nach Samarien
schickte, um den Samaritanern die Hände aufzulegen[9]. — Das gleiche wird
sich später wiederholen: die Gegend von *Joppe* wird zuerst von Philippus evangelisiert (Kap. 8,40), aber *Petrus* begibt sich nach ihm dorthin
(Kap. 9,32 ff.); die Hellenisten predigen das Évangelium in Antiochien, die
Gemeinde von Jerusalem delegiert den *Barnabas* dorthin (Apg 11,19.22).
Auf seiner letzten Reise nach Jerusalem ist *Paulus* voller Befürchtung, was
seine Aufnahme durch die judenchristlichen Autoritäten betrifft, und so
besucht er zunächst Philippus, einen der Sieben (Kap. 21,8). Es handelt
sich demnach um eine deutlich unterschiedene Gruppe innerhalb des palästinensischen Urchristentums.

Wir sind nicht auf Allgemeinheiten angewiesen, um zwar nicht unbedingt die Identität, wohl aber eine deutlich erkennbare sehr enge Verwandtschaft zwischen den sog. *Hellenisten Jerusalems und der johanneischen Gruppe* zu beweisen. Was sie in erstaunlicher Weise einander an-
nähert, sind 1. die theologischen Gedanken, wie wir sie der Stephanusrede
und dem Johannesevangelium entnehmen können, die die Christologie,
besonders aber die Auffassung des Gottesdienstes, vor allem des Kultortes
betreffen, wobei wir allerdings berücksichtigen müssen, daß die Stephanusrede nur einen kurzen Abriß dieser Theologie, und zwar in Anpassung an
die Situation einer Verteidigungsrede des Stephanus bringt, während das
Johannesevangelium die gleichen Themen im Lichte des Glaubens an Christus nach allen Seiten entwickelt; 2. das gemeinsame starke Interesse für
die Mission in Samarien, wie es aus Apg 8 und Joh 4,31 ff. hervorgeht;
3. die gemeinsame Verwurzelung der Stephanusrede und des Johannes-
evangeliums im heterodoxen Judentum, vor allem in der samaritanischen
Theologie. — Die 3 Punkte untersuchen wir nun im einzelnen.

1. Die der Gruppe der Hellenisten und dem johanneischen Kreis gemeinsamen theologischen Auffassungen

Um zunächst die *Theologie* der Hellenisten zu kennen, haben wir die
Stephanusrede zur Verfügung. Gewiß müssen wir mit dem Einfluß der
Theologie des Lukas auf die Reden der Apostelgeschichte im allgemeinen
rechnen. Diejenige des Stephanus entfernt sich jedoch so deutlich von den
Auffassungen und sogar der Sprache des Lukas, daß wir annehmen müs-
sen, dieser habe eine Quelle oder auf jeden Fall eine aus dem Stephanus-
Kreis stammende Tradition benützt[10]. Er zeigt in Kapitel 7 an Hand eines

---

[9] Man hat behauptet, auch diese Notiz sei Lukas zur Last zu legen. Aber
könnte man nicht sagen, sie stehe ebenfalls gerade im Widerspruch zu seiner
Tendenz, alle Spannungen zu verschweigen oder ihre Bedeutung abzuschwä-
chen?

[10] So mit Recht u. a. *L. Gaston*, op. cit., S. 154 ff., der auch die Verwandt-

ganzen Überblicks über die Geschichte und die Untreue Israels, daß die entscheidenden Offenbarungen Gottes nicht an ein *Land* und nicht an einen *Ort* gebunden sind[11]. Die *Stiftshütte* ist der ideale Ort für die Anbetung der göttlichen Gegenwart gewesen, denn, da sie beweglich war, band sie Gott nicht an einen bestimmten Ort (V. 44). Der große Abfall war, wie bereits erwähnt, derjenige Salomos, der Gott ein Haus gebaut hat (V. 48).

Was das Gesetz betrifft, so liegt die Untreue nach der Rede in Kapitel 7 nicht bei Stephanus, sondern bei denen, die ihn anklagen. Moses ist der Prototyp Christi, Deut. 18,15: „Einen Propheten wie dich werde ich erwecken" (V. 37), eine Stelle, die so oft zugleich von den heterodoxen Juden und den Pseudoklementinen zitiert wird. Sie ist für die Christologie der Rede besonders kennzeichnend. Gleichzeitig wird Jesus „der Gerechte" (V. 52) genannt. Nach Beendigung der Rede (V. 56) erklärt Stephanus nach einer dem Lukas wohl ebenfalls vorliegenden hellenistischen Quelle, er sehe den Himmel offen und den „*Menschensohn*" zur Rechten Gottes „*stehen*", offenbar als Fürsprecher für Stephanus; eine Auffassung, die nicht lukanisch ist.

Wenn wir diese Theologie mit der johanneischen konfrontieren, dann entspricht der leitende Gedanke von Apg 7 über die Freiheit des Gottesdienstes von der Bindung an einen bestimmten Ort vollkommen der Antwort Jesu auf die von der Samariterin gestellte Frage: „weder auf dem Garizim noch in Jerusalem", sondern Gottesanbetung „im Geist und in der Wahrheit". (Kap. 4,21 ff.) Diesen gleichen Gedanken finden wir aber schon im Prolog: die Herrlichkeit, die δόξα, die „Schekinah", die für die Juden an den Tempel gebunden war[12], hat sich von dort losgelöst und ist von nun an „unter uns" in der Person Christi sichtbar. Mit dem Verbum ἐσκήνωσεν, Joh 1,14, ist ja direkt auf den nach der Stephanusrede gottgewollten, weil nicht festgebundenen Ort der Gegenwart Gottes, die σκηνή, die Stiftshütte, angespielt, die nun nach dem Evangelium allerdings auch durch Christus abgelöst ist, ähnlich wie es nach der Johannesoffenbarung Kap. 21,22 in der zukünftigen Himmelsstadt keinen Tempel gibt, weil „Gott und das Lamm ihr Tempel ist", aber in V. 3 des gleichen Kapitels gesagt ist, daß die σκηνή Gottes unter den Menschen sein wird und er unter ihnen „zelten" wird. Nach der Hypothese H. H. Schäders[13] wäre in Joh 1,14 das Wort ἐσκήνωσεν gewählt, weil es zwar nicht etymologisch, wohl aber klanglich zugleich auf die Schekinah hinweist, die göttliche δόξα, die jetzt im

---

schaft mit den Samaritanern betont. — Auch der Rahmenbericht über das Martyrium dürfte einer Quelle bzw. Sondertradition aus dem Kreis des Stephanus oder bekehrter Samaritaner stammen.

[11] Siehe *B. Reicke*, Glaube und Leben der Urgemeinde, 1927, S. 129 ff.

[12] Siehe *A. M. Goldberg*, Untersuchungen über die Vorstellung von der Schekinah in der frühen rabbinischen Literatur, 1969.

[13] *R. Reitzenstein — H. H. Schäder*, Studien zum antiken Synkretismus aus Iran und Griechenland, 1926, S. 318.

Fleischgewordenen geschaut wird. — Das Ende des ersten Kapitels, V. 51, spielt direkt auf die Geschichte vom Jakobstraum zu Bethel an (Gen 28). Aber von nun an steht die Leiter, auf der die Engel zwischen Himmel und Erde auf- und absteigen, nicht mehr an einem bestimmten Ort, sondern das Auf und Ab hat den Menschensohn zum Stützpunkt. Er ist es, der von nun an die Brücke zwischen Himmel und Erde bildet und die Gegenwart Gottes manifestiert. Es ist nicht mehr der Stein von Bethel[14]. — In der Erzählung des 2. Kapitels über die Tempelreinigung ist es wiederum die Person Christi, die im Zusammenhang mit dem auf seinen Leib bezogenen Wort vom Abbrechen und Wiederaufrichten des Tempels in 3 Tagen an die Stelle des Tempels tritt (Kap. 2,21). — Den Höhepunkt erreicht dieser Gedanke dann im 1. Teil des schon erwähnten Dialogs mit der Samariterin, Kap. 4[14a].

Das Interesse sowohl des Johannes-Evangeliums als der Johannesbriefe für Taufe und Abendmahl[15], auf die sich nun als Ort der Gegenwart Christi der Gottesdienst konzentriert, mag mit der gleichen Auffassung von der Ablösung des Tempels durch Christus zusammenhängen[16]. Selbst dann, wenn zur Zeit der Abfassung des Johannes-Evangeliums, die sich jedoch nicht mit Bestimmtheit datieren läßt[17], der Tempel nicht mehr stand, verbindet die Ablehnung der lokalen Bindung an jeglichen Ort — Jerusalem oder Garizim — das Johannes-Evangelium aufs engste mit dem Stephanuskreis.

Im Unterschied zum Johannes-Evangelium rechtfertigt die Stephanusrede allerdings nur die negative Seite: die Opposition gegen jede feste kultische Lokalisierung. Die positive Ergänzung — Christus anstelle des Tempels — scheint in der Theologie des Stephanus und seines Kreises zu fehlen. Wenn wir uns nur an den Inhalt der Rede halten, so scheint Stepha-

---

[14] Im Zusammenhang mit meiner hier entwickelten These ist es interessant, darauf hinzuweisen, daß bei den Samaritanern Bethel mit dem Garizim identifiziert wird. Siehe *J. Bowman*, The Samaritans and the Book of Deuteronomy, in Glasgow Univ. Or. Soc. 1957/1958, S. 13 f.

[14a] Während der Drucklegung des vorliegenden Buches ist die interessante Arbeit von *W. D. Davies* The Gospel and the Land 1974 erschienen. Wie ich feststelle, vertritt er im Kap. über das 4. Evangelium (S. 288 ff.) die von mir bereits im Jahr 1958 (siehe den oben S. 40 Anm. 44 zitierten Artikel) und dann oft vorgetragene These von der Ablösung der Kultstätte durch die Person Christi. (Er bringt u. a. genau die von mir oben und schon im Artikel von 1958/1959, S. 70 f., erwähnten Beispiele.) Was die Verbindung zwischen dem Johannes-Evangelium und den Hellenisten (und den Samaritanern) betrifft, so schreibt er sie auf S. 294, Anm. 10, *R. E. Brown* zu und zitiert dafür dessen 1966 erschienenen Kommentar, S. 122. Dieser beruft sich jedoch an dieser Stelle ausdrücklich auf meinen Artikel von 1958/1959.

[15] Siehe *O. Cullmann*, Urchristentum und Gottesdienst, 1944, 1962[4].

[16] Anders in Qumran, wo die Betonung der Taufriten und der gemeinsamen Mahlzeiten durch die Ablehnung des bestehenden Tempelgottesdienstes bedingt ist. [17] Siehe unten S. 99 ff.

nus in der Tat den Gottesdienst nicht wie das Johannes-Evangelium an
die Person Christi gebunden zu haben. Wir dürfen jedoch nicht vergessen,
daß Apg 7 eine Verteidigungsrede ist, die vor den Juden als Antwort auf
ihre Anklagen gehalten wird. Die Predigt des Stephanus und nach seinem
Tode die seiner Nachfolger, Philippus und der Seinen, ist wahrscheinlich
nicht sehr verschieden von der johanneischen Botschaft über die Ablösung
des Tempelkults durch den Glauben an Christus gewesen. Was hätten sie
denn sonst als Christusgläubige im Zusammenhang mit ihrer Bekämpfung
des Tempelgottesdienstes anderes verkünden sollen?

Abgesehen von dieser gemeinsamen Theologie des Kultortes berührt sich
das Johannes-Evangelium mit der Stephanusrede in der Christologie.
Schon immer ist im 4. Evangelium die Konfrontierung Moses — Christus
hervorgehoben worden[18], die für die Stephanusrede charakteristisch ist.
Die Bezeichnung „Menschensohn" ist im Johannes-Evangelium besonders
häufig[19]. Dabei steht die Vorstellung vom Menschensohn vielleicht, wenn
man mit G. Bornkamm den Menschensohn mit dem Parakleten zusammenbringt[20], in Verbindung mit dem fürbittenden, zur Rechten Gottes „stehenden" Menschensohn, den Stephanus am Ende seiner Rede schaut (Apg
8,56).

Nun ist es aber weiterhin bezeichnend, daß gerade, was die den beiden
Gruppen gemeinsamen theologischen Gedanken betrifft, sowohl von der
Stephanusrede als vom Johannes-Evangelium aus Linien zum heterodoxen
Judentum führen und daß auf diese Weise die Hypothese eines Bandes
zwischen Hellenisten und johanneischem Kreis eine erstaunliche Bestätigung findet. Die verschiedenen im vorhergehenden Kapitel erwähnten
synkretistischen Bewegungen kommen hier in Betracht. Aber am stärksten,
wenn auch nicht ausschließlich, hat dieses heterodoxe Judentum doch in
seiner samaritanischen Ausprägung sowohl auf die Stephanusrede als auf

---

[18] Siehe *T. F. Glasson*, Moses in the fourth Gospel, 1963. Jetzt *W. A. Meeks*,
The Prophet—King. Moses Traditions and the Johannine Christology, 1967
und *C. H. H. Scobie*, The Origins and Development, op. cit., S. 406.

[19] Siehe *S. Schulz*, Menschensohn-Christologie, op. cit. oben S. 33 Anm. 9, der
die Neuinterpretation der apokalyptischen Menschensohnvorstellung im Sinne
hellenistisch-gnostischer Anschauungen betont. — Das Aufgeben des apokalyptischen Charakters betont auch *E. Kinniburgh*, The Johannine Son of Man (Stud.
ev. 4, 1968, S. 64 ff.). — Siehe im übrigen *O. Cullmann*, Die Christologie des
Neuen Testaments, 1957, 1966⁴, S. 189 ff. und *C. Colpe*, ThW Art. υἱὸς τοῦ
ἀνθρώπου, S. 468 ff.; den Exkurs 5 in *R. Schnackenburgs* Komm., S. 411 ff.

[20] *G. Bornkamm*, Der Paraklet im Johannesevangelium. Festschrift für R.
Bultmann, 1949, S. 12 ff. Auch *Th. Preiss*, Le Fils de l'Homme, 1951, S. 23;
siehe unten S. 92 Anm. 7. — Siehe dazu den „fürbittenden Moses" im näch-
sten Abschnitt. — Die Verbindung Menschensohn—Paraklet meint *U. B. Müller*,
Die Parakletenvorstellung im Johannesevangelium, ZThK 1974, S. 31 ff., auf
S. 37 f. bestreiten zu sollen.

das Johannes-Evangelium eingewirkt[21]. Dies zeigt schon das vorhin angeführte Beispiel des fürbittenden Menschensohns, der im *fürbittenden
Moses* der samaritanischen Theologie eine Parallele hat. Aber wir werden
nachher von viel auffallenderen Berührungen zu sprechen haben.

Zunächst jedoch wollen wir versuchen, die Frage zu beantworten, weshalb der Einfluß der samaritanischen Form des heterodoxen Judentums
auf die beiden Gruppen besonders spürbar ist.

2. Das den Hellenisten und dem Johannes-Evangelium gemeinsame Interesse für die Mission in Samarien

Die Erklärungen, die von den neuern, nachher zu nennenden englisch-
sprachigen Arbeiten für die vorhin aufgeworfene Frage vorgeschlagen
werden, gehen fast alle dahin, daß nur mit einem theologischen Einfluß
schon bekehrter christlicher Samaritaner auf Stephanus bzw. seine Gruppe
und auf den johanneischen Kreis gerechnet wird. Einen solchen Einfluß
nehme auch ich an, aber ich ziehe ihn erst auf einer sekundären Entwick-
lungsstufe in Betracht. Primär scheinen mir sowohl äußere Umstände als
die vom heterodoxen Judentum im allgemeinen *schon vor der Missionierung* der Samaritaner geprägte Theologie unter den Hellenisten wie in
der hinter dem Johannes-Evangelium stehenden Gruppe ein starkes *mis-
sionarisches* Interesse geweckt zu haben, und dieses hat beide natürlicher-
weise nach Samarien orientiert. Hier liegt neben den gottesdienstlichen
und den christologischen Anschauungen ein weiteres enges Band zwischen
beiden Kreisen vor.

Ihre in jenem Randjudentum verwurzelten Gedanken hatten a priori
wie mit allen nichtkonformistischen Strömungen Palästinas auch mit der
samaritanischen Religion viel Gemeinsames. So ist es leicht verständlich,
daß die Hellenisten sich nach ihrer Vertreibung aus Jerusalem (Apg 8,1 ff.)
missionarisch mit ihrer Christusverkündigung nach Samarien wandten.
Hier fanden sie, die wegen ihrer Ablehnung des Tempelkultes verfolgt
worden waren, einen Anknüpfungspunkt. Denn obwohl die Samaritaner
nur den Tempel in Jerusalem, nicht jede Bindung an einen Kultort ver-
warfen wie die Hellenisten (und der johanneische Kreis), so war doch ein
günstiger Boden für die Predigt von der in Christus verwirklichten göttlichen Gegenwart geschaffen, zumal auch die Moses zugeschriebene Rolle
und andere von den Hellenisten vertretene Anschauungen den Samaritanern geläufig waren. Der Erfolg der Predigt des Philippus und der Seinen
in Samarien bestätigt, daß die Samaritaner für die Aufnahme einer christ-

---

[21] Siehe den guten Forschungsbericht von *Ph. de Robert*, Les Samaritains et
le Nouveau Testament. Etudes Théol. et Rel. (Montpellier) 1970, S. 179 ff.

lichen, gerade durch *diese* Gruppe ausgeführten Mission besonders vorbereitet waren.

Dazu kommt, daß die ganze Einstellung der Hellenisten wie des johanneischen Kreises ihren Blick über die engere jüdische Gemeinschaft hinaus
lenken und ihnen den missionarischen Gedanken nahelegen mußte. Wir
haben gesehen[22], daß sich durch das ganze Johannes-Evangelium hindurch
das missionarische Interesse verfolgen läßt: im Kapitel 10 über den guten
Hirten, der auch andere Schafe anführen muß, die nicht zu diesem Hof
gehören (V. 16); im Kapitel 12,20 ff., wo die Griechen Jesus sehen wollen
und den Bescheid erhalten, daß das Samenkorn zuerst sterben muß, um
Frucht zu bringen, und im gleichen Kapitel V. 32, wo Christus sagt, daß
er erst, wenn er zum Kreuz erhöht sein wird, *alle* zu sich ziehen wird:
genau der Gedanke, den wir im nachher zu besprechenden zweiten Teil
der Rede Jesu über die „Ernte" in Samarien finden werden, die erst später
von andern eingebracht wird, nachdem Jesus am Jakobsbrunnen die Saat
soeben ausgestreut hat. Sehr erwägenswert ist die Annahme J. Bowmans[23],
nach der auch die vorhin erwähnte Stelle über „die andern Schafe" (Joh
10,16) auf die Mission in Samarien zu beziehen wäre und hier eine An-
spielung auf Ez. 37 vorläge, auf die zwei Stäbe, den einen für Juda, den
andern für Ephraim, deren Vereinigung diejenige Israels und Judas zei-
chenhaft darstellt, die „einen Hirten" haben.

Samarien kommt aber vor allem deshalb eine besondere Bedeutung zu,
weil es der Ausgangspunkt *aller* christlichen Mission ist. Hier tritt die
Evangeliumspredigt zum ersten Mal aus dem offiziellen jüdischen Bereich
hinaus, wenn auch ein Band zwischen Samarien und dem Judentum
besteht. Die Missionierung Samariens bildet den natürlichen Übergang zur
Heidenmission.

Lukas hat die Wichtigkeit der Mission in Samarien erkannt. Sie konnte
ihm nicht entgehen, da er ja das Ziel verfolgt, die Verbreitung des Evangeliums „in Jerusalem und in ganz Judäa und *Samarien* und bis ans Ende
der Welt kundzutun (Apg 1,8)[24]. Er hat verstanden, daß die Verkündigung des Evangeliums in Samarien der entscheidende Schritt zur Heidenmission war. So hat er denn auch die Nachricht über die *Initiative der
Hellenisten* zu diesem Werk weitergegeben, ohne freilich deren Rolle in
ihrer Bedeutung zu erkennen bzw. anzuerkennen, denn daran hinderte
ihn seine Tendenz, die Urgemeinde als eine homogene Gruppe hinzustel-

---

[22] Siehe oben S. 16.

[23] *J. Bowman*, Samaritan Studies, op. cit. oben S. 40 Anm. 45, S. 301 f.

[24] Lukas zeigt sein Interesse für Samarien auch in seinem Evangelium, in
seiner Darstellung des Lebens Jesu. Siehe dazu *Ph. de Robert*, den oben
S. 49 Anm. 21 zitierten Artikel, S. 182. — Offenbar standen Lukas sowohl für
das Evangelium als für die Apostelgeschichte Sondertraditionen zur Verfügung,
die entweder aus Kreisen der Hellenisten oder bekehrter Samaritaner stammten.

len und folglich das Verdienst dieser großen missionarischen Unternehmung der *ganzen* Kirche zuzuschreiben. Immerhin hat er die Tradition festgehalten, nach der die kühne Initiative zu der Evangelisation Samariens von den Hellenisten ergriffen worden war, während die Zwölfe erst nachträglich Petrus und Johannes dorthin delegierten, *nach* der bereits erfolgten Bekehrung und der Taufe der Samaritaner (Apg 8,14 ff.). Lukas bezeichnet nur einen der von der Stephanusgruppe herkommenden Missionare mit Namen: Philippus. Die andern bleiben anonym, obwohl ihre Arbeit in diesem halb jüdischen, halb heidnischen Lande nicht hoch genug eingeschätzt werden kann.

Erst der vierte Evangelist rückt ihr Verdienst in das rechte Licht. Er zeigt nicht nur ein besonderes Interesse wie Lukas für die Bekehrung der Samaritaner, sondern für diese hellenistischen Missionare, wie wir nachher sehen werden. Er teilt mit Lukas die Kenntnis einer gemeinsamen Tradition über die Rolle, die diese gespielt haben. Aber im Unterschied zu dem Verfasser der Apostelgeschichte ergreift er ausdrücklich Partei für die Tätigkeit der Hellenisten in Samarien.

Den Ausgangspunkt bildet die Begegnung Jesu mit der Samariterin (Kap. 4). Gemäß der johanneischen Perspektive berichtet der Verfasser gleichzeitig ein Ereignis aus dem Leben Jesu und zeigt seine Verlängerung in dem vom erhöhten Christus in seiner Kirche vollbrachten Werk. Das Geschehen am Jakobsbrunnen gibt ihm Gelegenheit, wie wir gesehen haben, im ersten Teil des Gesprächs die für die Evangelisierung Samariens wichtige Belehrung über den wahren Gottesdienst zu erteilen, im zweiten Teil, der uns jetzt interessiert, das Band zwischen der Begegnung der Samariterin und der künftigen christlichen Mission in Samarien herzustellen, die Jesus prophetisch ankündigt.

Der Evangelist zeigt, daß die Mission in Samarien von Jesus gewollt ist, indem er ihn selbst zu Wort kommen läßt. Dieser Wille konnte ja von Mt 10,5 aus ("gehet nicht in Städte Samariens"[25]) bestritten werden und wurde sehr wahrscheinlich bestritten. Obwohl diese Mission erst nach Jesu Tod ausgeführt wird, ist sie doch schon zu seinen Lebzeiten *vorweggenommen:* schon eilen die Leute aus Sychar herbei (Apg 8.30). Christus hat "gesät", aber die wahre Ernte wird erst nach seinem Tode eingebracht.

Besonders interessant ist jedoch, daß das Interesse des Johannes-Evangeliums für diese Mission sich auf die Missionare selbst, *auf die Hellenisten*, erstreckt. In dem Artikel, in dem ich zum erstenmal die Aufmerksamkeit auf die Verbindung Hellenisten — Johannes-Evangelium gezogen habe[26], glaube ich bewiesen zu haben, daß der Vers 38 als ein prophetischer Hinweis auf das zu deuten ist, was sich nach Apg 8 in Samarien wirklich ereignen wird. Dieser Vers unterscheidet den, der die Jünger "zum

[25] Zur Frage der Echtheit des Logions siehe unten S. 93.
[26] *O. Cullmann*, La Samarie..., Annuaire..., siehe oben S. 40 Anm. 44.

4*

Ernten ausgesandt hat" (Christus, der vorher gesät hat), dann zwei Gruppen, erstens die ἄλλοι, diejenigen, die „gearbeitet haben", zweitens diejenigen, die „in ihre Arbeit eingetreten sind". Nach meiner Erklärung sind die ἄλλοι, die in Samarien „gearbeitet" haben, keine andern als die Hellenisten, die die wahren Missionare dieses Landes waren. Petrus und Johannes sind erst nachträglich (Apg 8,14) im Auftrag der Jerusalemer Jünger dorthin gekommen: sie sind „in die Arbeit der ἄλλοι eingetreten"[27]. In diesem Fall hält der Evangelist deutlich daran, diesen Hellenisten — gegenüber einer Überschätzung des Petruskreises — Gerechtigkeit widerfahren zu lassen[28]. Das muß seinen Grund in einer besondern Verbundenheit des johanneischen Kreises mit den „Hellenisten" haben[29].

Das *Ereignis* der für beide Gruppen offenbar wichtigen Mission in Samarien und wohl auch der *spätere* Einfluß bekehrter Samaritaner hat in der Wiedergabe der Stephanusrede durch die von Lukas benützte Quelle und im Johannes-Evangelium unter den schon vorher vorhandenen, allgemein aus dem heterodoxen Judentum stammenden Zügen diejenigen besonders hervortreten lassen, die für die samaritanische Religion charakteristisch sind. Gleichzeitig mögen diese bereits vorgegebenen Züge durch weitere samaritanische Sonderlehren vermehrt worden sein.

Wenn wir daher im folgenden dazu übergehen, als weiterer Beweis für die Zusammengehörigkeit des johanneischen Kreises mit den „Hellenisten", zu zeigen, wie beide auf die *gleiche Weise* auf ein heterodoxes Judentum zurückgehen, so gilt es, dabei zweierlei zu berücksichtigen: einerseits die Beziehung zu einer *Vielfalt* von heterodoxen jüdischen Strömungen, anderseits das *Vorherrschen* samaritanischer Eigentümlichkeiten.

---

[27] Trotzdem eine Beziehung zwischen Johannes dem Täufer und seinen Jüngern zu Samarien besteht (siehe unten S. 64 Anm. 10), scheint mir die Identifizierung der ἄλλοι mit den Hellenisten im Hinblick auf die Bezeugung durch Apg. 8 doch viel näher liegend als die von *J. A. T. Robinson* (Twelve New Testament Studies, 1962, S. 61 ff.) vorgeschlagene mit dem Täufer und den Seinen. Immerhin hat *J. A. T. Robinson* mit diesem Artikel auf einen auch für meine These wichtigen Zusammenhang: Täuferjünger — Hellenisten — johanneischer Kreis mit Samarien aufmerksam gemacht.

[28] Dazu stimmt die allgemeine Einstellung zu Petrus, siehe S. 60, 76, 78 f., 82. Ich sehe nicht recht, warum *W. G. Kümmel*, Einleitung, 1973[17], S. 187 meine Beweisführung, was die ἄλλοι betrifft, damit widerlegt glaubt, daß der Gegensatz gegen den Jerusalemer Tempel in Joh. 4 und in Qumran einen völlig voneinander verschiedenen Charakter hatte, was ich doch keineswegs bestreite (siehe unten S. 56 und die Anm. 50 und S. 94). Es kommt mir ja bei der Identifizierung der ἄλλοι nicht so sehr auf die Verbindung Hellenisten — Qumran an, als auf die Verbindung Hellenisten — Johannesevangelium. Dies möchte ich auch *C. H. H. Scobie*, op. cit., S. 408 gegenüber betonen (siehe auch S. 56 Anm. 50), dem ich im übrigen weitgehend zustimme.

[29] ἄλλοι könnte das Wort sein, mit dem der Evangelist ihm besonders Nahestehende bezeichnet. Siehe dazu das unten S. 77 und S. 79 mit Anm. 18 zu dem ἄλλος μαθητής Gesagte.

3. Die gemeinsame Abhängigkeit beider Gruppen vom heterodoxen Judentum

Genau diese vorhin genannte *Doppelbeziehung* stellen wir nun in der Stephanusrede und im Johannes-Evangelium fest.

a) Stephanusrede

A. F. J. Klijn[30] glaubt in ihr mehrere Lieblingsgedanken der Qumransekte zu finden. M. Simon hat die Verwandtschaft der Rede mit dem häretischen Judenchristentum der Pseudoklementinen hervorgehoben[31]. Vor allem aber haben die auffallenden Parallelen der Verteidigungsrede des Stephanus mit der samaritanischen Religion in letzter Zeit das Interesse der Forscher in Anspruch genommen. Nachdem bereits vor bald hundert Jahren E. H. Plumptre auf erstaunliche Weise die neuesten Thesen über die Hellenisten und die Samaritaner vorweggenommen hatte[32], hat in einer kurzen Studie, die als Anhang dem Acta-Kommentar J. Munks[33] beigegeben ist, Abram Spiro[34] in Apg 7 eine Reihe wichtiger Lehren der samaritanischen Religion, samaritanische Tradition über die Patriarchen, auch Benützung des samaritanischen Pentateuchs[35] und stilistische samaritanische Eigenheiten festgestellt, die sich so eng mit der Stephanusrede berühren, daß sich ihm im Zusammenhang mit einer alten, durch die Chronik Abul-Faths weitergegebenen Tradition der Schluß aufdrängte, Stephanus sei ein Samaritaner gewesen. Ohne so weit zu gehen, nimmt im Anschluß an Spiro und J. Bowman, der seinerseits auf Parallelen hinweist[36], M. H. Scharlemann in seiner Dissertation von 1968[37] aufgrund eines sorgfältigen Vergleichs einen grundlegenden samaritanischen Einfluß auf Stephanus an, und er hebt den samaritanischen Charakter der ganzen Rede hervor. Ich nenne nur einige Punkte: das Interesse für Joseph, die schon erwähnten Zitate aus dem samaritanischen Pentateuch, die bereits von Plumptre betonte Bedeutung Sichems als Ort des Grabes der Patriarchen, die Rolle Josuas, der Stiftshütte[38], die auf Dt 18,15 gründende Christolo-

---

[30] *A. F. J. Klijn*, Stephen's Speech, Acts VII, 2—53. NTS 1957, S. 25 ff. — Siehe auch *P. Geoltrain*, Esséniens et Hellénistes, ThZ 1959, S. 241 ff.

[31] Siehe op. cit., S. 94, 113 ff. Ich glaube jedoch nicht, daß diese Verwandtschaft durch den Einfluß der Hellenisten auf das gnostische Judenchristentum zu erklären ist, sondern durch ein gemeinsames Zurückgehen der Hellenisten und der Ebioniten auf das heterodoxe Judentum.

[32] *E. A. Plumptre,* The Samaritan Element in the Gospels and Acts. The Exp. 1878, S. 22 ff.

[33] Anchor Bible, 1967.

[34] Stephen's Samaritan Background, S. 285 ff.

[35] Schon von *P. Kahle*, Untersuchungen zur Geschichte des Pentateuchtextes, Theol. St. u. Kr. 1915, S. 399 ff. festgestellt.

[36] Siehe oben S. 40 Anm. 45.   [37] Op. cit. Siehe oben S. 44 Anm. 7.

[38] Der Garizim steht nach den Samaritanern in Beziehung zur Stiftshütte. Siehe *J. Macdonald*, op. cit. oben S. 39 Anm. 41, S. 445.

gie[39], die Bezeichnung des Tempels als „Ort" (τόπος). In ihrer Gesamtheit sind die Parallelen eindrücklich[40]. Allerdings sollte man unter den gemeinsamen Eigenheiten diejenigen unterscheiden, die die Stephanusrede außerdem mit andern Strömungen des nichtkonformistischen Judentums teilt[41]. Mit Scharlemann berührt sich der im gleichen Jahr 1968 erschienene Artikel R. Scroggs[42].

b) Johannes-Evangelium

Genau wie in der Stephanusrede stellen wir im 4. Evangelium gleichzeitig eine *Vielfalt* synkretistischer, im heterodoxen Judentum zusammentreffender Einwirkungen fest und unter ihnen ein besonderes *Hervortreten* eines samaritanischen Einflusses. Daß das Johannes-Evangelium zum heterodoxen Judentum und allerhand mit ihm verwandten, der gleichen Sphäre angehörigen Erscheinungen beachtenswerte Parallelen aufweist, habe ich im Kapitel über die „Umwelt" im Anschluß an zahlreiche Einzelstudien verschiedener Forscher betont, und ich brauche darauf nicht mehr zurückzukommen. Hier gilt es nur noch, den in jenem Kapitel erwähnten samaritanischen Einfluß im Lichte der neuesten Arbeiten besonders hervorzuheben. Da ist es wichtig, daß der Spezialist für samaritanische Fragen, J. Bowman[43], und was die Christologie betrifft, W. A. Meeks[44], die Beziehung zwischen dem Johannes-Evangelium und den samaritanischen Glaubenslehren untersucht haben. W. A. Meeks kommt dabei sogar zum Schluß, „die johanneische Kirche" müsse sich u. a. aus Gliedern zusammengesetzt haben, die samaritanischen Kreisen entstammten[45]. Etwas später geht G. W. Buchanan[46] noch weiter. Er schließt sich meiner These von der Verwandtschaft des Johannes-Evangeliums mit Apg 7 an. Aber

---

[39] Überhaupt kommt die große Rolle Moses in Betracht, auch Sondertraditionen über ihn, wie seine Redegewandtheit Apg. 7,22. *P. Benoît*, RB 1965, S. 619 erwägt gegen *J. Bihler*, der die Stephanusrede als lukanisch ansieht, die Möglichkeit, daß der letztere Zug wie andere Angaben der Rede, die nicht unserm Alten Testament entstammen, samaritanisch sei.

[40] Leider ist der gründliche Vergleich zwischen der Rede und den samaritanischen Quellen in der Diss. *Scharlemanns* mit sehr anfechtbaren Behauptungen über die völlige Unabhängigkeit und Isoliertheit des Stephanus gegenüber dem übrigen Urchristentum verbunden.

[41] Siehe meine Bemerkungen zu *Scharlemanns* Arbeit in meinem Artikel La Samarie et les origines chrétiennes, Mélanges d'Histoire ancienne f. W. Seston, 1974, S. 135 ff.; ferner die Kritik von *F. F. Bruce* in JBL 1969, S. 114.

[42] Siehe oben S. 44 Anm. 7.

[43] *J. Bowman*, Samaritan Studies I. The Fourth Gospel and the Samaritans, Bull. J. R. L. 1958, S. 298 ff. und Samaritanische Probleme. Studien zum Verhältnis von Samaritanertum, Judentum und Christentum, 1967.

[44] *W. A. Meeks*, op. cit. Siehe oben S. 48 Anm. 18.

[45] Op. cit., S. 316.

[46] *G. W. Buchanan*, The Samaritan Origin of the Gospel of John (Festschrift für E. R. Goodenough, Religions in Antiquity, 1968, S. 149 ff.).

er richtet sein Hauptaugenmerk im Johannes-Evangelium nicht auf die gottesdienstliche Frage. Er glaubt, im Evangelium Spuren einer stillschweigenden Polemik gegen die „'Ιουδαῖοι" als Gegenspieler der „'Ισραηλῖται" (Samaritaner) zu finden[47]. Eine solche Opposition sei nur von einem Samaritaner aus verständlich. Buchanan betont stark die Terminologie (auch „König Israels", Kap. 1,49 und Kap. 12,13, anstelle von „Davidssohn"), die zu dem polemischen Arsenal der Samaritaner gehöre. So zögert er nicht, den Verfasser des Evangeliums geradezu als einen zum Christentum bekehrten Samaritaner zu bezeichnen. Dies würde das Interesse des Evangelisten für Samarien erklären (Kap. 4) und auch die Tatsache, daß der johanneische Christus die Schmähung in Kap. 8,48 zurückweist, er habe einen Dämon, während er an der gleichen Stelle nicht auf den anderen ebenfalls als Schmähung gedachten Vorwurf reagiert, er sei ein „Samaritaner".

Die an sich z. T. wichtigen Parallelen, die Buchanan verdienstvollerweise zusammenstellt, rechtfertigen jedoch nicht unbedingt die Folgerung, die er aus ihnen zieht. Anstatt in dem Evangelisten einen ehemaligen zum Christentum bekehrten Samaritaner zu sehen, was an sich nicht ganz ausgeschlossen wäre, ist vielleicht eher J. Bowmans These zu erwägen: das Evangelium sei für Samaritaner geschrieben. Wie dem auch sei, erinnere ich auch hier — wie für die Berührung der Stephanusrede mit der samaritanischen Theologie — an die Notwendigkeit, die sich aus dem vorhergehenden Kapitel ergibt, sich nicht auf die freilich besonders in Betracht kommende samaritanische Theologie allein zu beschränken, sondern den gleichzeitigen Einfluß anderer Gruppen und Auffassungen zu erwägen, die dem gleichen Strom des heterodoxen Judentums zugehören: Qumran, Mandäer, Täuferbewegung, jüdischer Synkretismus, gnostischer Ebionitismus[48].

4. Die Dreiecksbeziehung

Wir stellen also fest, daß einerseits die Stephanusrede und das Johannes-Evangelium auf die gleiche Weise mit dem heterodoxen Judentum, vor allem mit demjenigen Samariens, verwandt sind, anderseits daß die Stephanusrede und das Johannes-Evangelium noch näher miteinander verwandt sind. Wir haben es demnach mit einer *Dreiecksbeziehung* zu tun, in der ich die Lösung der Frage sehe, die wir am Anfang dieses Kapitels über die johanneische Sondergruppe gestellt haben. Folgendes Schema schlage ich also vor:

---

[47] Siehe meine Vermutung (oben S. 40), nach der 'Ιουδαῖοι mehr allgemein das offizielle Judentum in Gegensatz zum heterodoxen bezeichnet.

[48] Siehe *O. Cullmann*, La Samarie et les origines chrétiennes. Mélanges Seston, 1974, S. 135 ff.

Heterodoxes Judentum

Stephanusrede   Johannes-Evangelium

Die Spitze des Dreiecks stellt das heterodoxe Judentum dar, in dem Samarien eine vorherrschende Rolle, aber doch *neben* anderen analogen Strömungen spielt. Es hat gleichzeitig auf die Stephanusrede und auf das Johannes-Evangelium eingewirkt. Die enge Beziehung zwischen den beiden letzteren, die wir *abgesehen* von dieser doppelten Einwirkung festgestellt haben, bestätigt, daß der Hintergrund des Evangeliums in einem demjenigen der Jerusalemer Hellenisten (Stephanus) analogen jüdischen Umkreis zu suchen ist. Erst die Verbindung der *drei* Linien des Dreiecks, nicht das bloße Ausziehen einer oder auch zweier von ihnen, wie sie von den meisten der genannten Arbeiten vorgenommen wird, gibt meiner Behauptung der Zusammengehörigkeit der johanneischen Gruppe mit den Hellenisten ihre Beweiskraft[49].

Dies wird durch die Tatsache verdeutlicht, daß die Opposition gegen den Tempel, die fast allen sektiererischen Bewegungen des Judentums gemeinsam ist, zugleich in Apg 7 und im Johannes-Evangelium trotz der Berührung mit jenen radikaler ist als in den jüdischen heterodoxen Bewegungen. Sie sind innerhalb der ganzen tempelfeindlichen Bewegung aufgrund des gemeinsamen Glaubens an Christus einander näher als den jüdischen Sekten. Während in Qumran die Opposition gegen den Tempel nicht *prinzipiell* gegen den Tempel als solchen, sondern nur gegen den damals in Jerusalem von der gottlosen Priesterschaft betriebenen Tempelgottesdienst gerichtet ist, und während auch Samarien trotz seiner analogen, wenn auch verschieden motivierten, Opposition gegen den *Jerusalemer* Tempel seinen Gottesdienst an einen bestimmten Ort, an den Garizim, bindet, verwirft die Stephanusrede, abgesehen von dem beweglichen Wanderheiligtum der Stiftshütte, *jede* bestimmte Lokalisierung der göttlichen Gegenwart, und das gilt erst recht für das Johannes-Evangelium: weder Garizim noch Tempel zu Jerusalem, sondern Anbetung im Geist und in der Wahrheit[50]. Diese Einstimmigkeit zwischen Hellenisten und Jo-

---

[49] In dieser Dreiecksbeziehung übersieht der im übrigen sehr gut orientierende Artikel von *C. H. H. Scobie* (siehe oben S. 40 Anm. 45) die Wichtigkeit der zugleich *der Stephanusrede und dem Johannesevangelium gemeinsamen* Ablehnung jeglicher gottesdienstlichen Bindung an einen Kultort, die mir für die ganze Frage grundlegend scheint.

[50] Den Unterschied zwischen Hellenisten und Qumran, was ihre Ablehnung des Tempels betrifft, übersehen zu haben, wirft mir *C. H. H. Scobie*, op. cit., S. 399 doch wohl zu Unrecht vor. Siehe meine in O. Cullmann, Vorträge

hannes-Evangelium gegenüber der weniger radikalen Opposition des verwandten heterodoxen Judentums erklärt sich aus ihrem gemeinsamen Glauben an die Gegenwart Gottes in Christus. Dieser bedingt ihre negative Einstellung zu *jedem* Kultort.

5. Weitere Spuren des johanneischen Kreises im Neuen Testament

Die Hypothese, die ich in diesem Kapitel über die Einreihung des Johannes-Evangeliums innerhalb des Urchristentums vorschlage und die mir exegetisch und historisch fundiert scheint, bringt also den „johanneischen Kreis" in große Nähe zu der Gruppe der Jerusalemer Hellenisten. Ich wage es noch nicht, so weit zu gehen, daß ich ihn unbedingt mit dieser identifiziere, obwohl ich diese Möglichkeit in Betracht ziehe, teile ihn aber auf jeden Fall einem ganz analogen Zweig des Urchristentums zu, dem auch jene Hellenisten angehören und von dem wir vielleicht noch andere Spuren im Neuen Testament finden werden, einem Zweig, der sich theologisch sowohl vom Judenchristentum als vom Heidenchristentum unterscheidet. Wir haben gesehen, daß der Ursprung *dieses* palästinensischen Christentums aus einem eher esoterischen Judentum verschieden ist von dem des übrigen, quantitativ wichtigeren, das zur Entstehung der Synoptiker geführt hat.

Da der Kreis, mit dem wir uns hier befassen, innerhalb des Urchristentums nicht isoliert dasteht, ist die Bezeichnung „johanneisch" wohl zu eng. Wir behalten sie trotzdem auch in den folgenden Ausführungen bei, da immerhin das Johannes-Evangelium und die Johannesbriefe ihn in besonderer Weise kennzeichnen. Sicher sind ja die *Johannesbriefe* aus dieser Gruppe hervorgegangen. Wenn, wie es wahrscheinlich ist, ihr Verfasser nicht identisch mit dem des Evangeliums ist[51], so muß doch die Verbindung mit ihm sehr eng gewesen sein, wohl ebenso eng wie die zwischen dem Evangelisten und dem Redaktor, dem ja oft auch die Abfassung der Johannesbriefe zugeschrieben wird. Er gehört jedenfalls zur gleichen Gruppe.

Das andere, und zwar allein sicher zu Recht mit dem Namen Johannes verbundene neutestamentliche Buch — da nur hier der Name Johannes genannt ist — die *Johannesoffenbarung*, dem gleichen Kreis zuzuweisen, ist vor allem wegen der anders orientierten Eschatologie schwieriger[52].

und Aufsätze 1925—1962, im Kapitel „Sonderströmungen des Judentums und ältesten Christentums" vereinten älteren Artikel (z. B. S. 281 ff.).

[51] So u. a. *H. Conzelmann*, Was von Anfang war. Festschrift für R. Bultmann, 1954, S. 194 ff. — *W. Thüsing*, Glaube an die Liebe. Die Johannesbriefe, in Gestalt und Anspruch des Neuen Testaments, 1969, S. 282 ff., denkt an eine Gruppe von Schülern, die sich ganz eng an den Augenzeugen anschließen.

[52] Trotz des grundlegenden Unterschieds schließt allerdings die eschatologi-

Trotzdem wird nicht ohne Grund die Verwandtschaft gewisser für beide wichtiger Bilder (z. B. Christus als „Lamm"[53], als „Hirte", das „lebendige Wasser") und Begriffe (wie μαϱτυϱία) angeführt. Ferner bringt auch die stark gottesdienstliche Ausrichtung dieses Buch in eine gewisse Nähe zum Johannes-Evangelium. Aufgrund der Voraussetzung, daß der Gottesdienst eine Vorwegnahme des Endes ist, sind ja viele apokalyptische Beschreibungen, wie die Exegese zeigt, dem Gottesdienst entnommen[54]; entsprechend der im Johannes-Evangelium (Kap. 4) als schon verwirklicht erscheinenden Prophezeiung der Endzeit — „die Stunde kommt und sie ist schon da" (V. 23) — gibt es in der Himmelsstadt der Offenbarung keinen Tempel, da dort „Gott und das Lamm der Tempel sind" (Offb. 21,22)[55]: das so wichtige johanneische Motiv. Dabei ist bemerkenswert, daß es im gleichen Kapitel (V. 3) heißt, daß die σκηνή Gottes bei den Menschen sein wird und daß er bei ihnen „zelten" wird (cf. Joh 1,14: er „zeltete" unter uns). Sollte der Verfasser zum gleichen Kreise gehören, was nicht auszuschließen ist, so müssen wir jedenfalls annehmen, daß bei allem Gemeinsamen verschiedene Anschauungen in ihm Platz fanden. Auch der sicher zu ihm zu rechnende 1. Johannesbrief vertritt ja eine stärker futurische Eschatologie (1. Joh 2,18; 3,2 f.)[56].

Mit größter Wahrscheinlichkeit ist die Zugehörigkeit des *Hebräerbriefs* zur johanneischen Gruppe anzunehmen. Diese ist sehr ernsthaft von verschiedenen Gesichtspunkten aus zu erwägen: aufgrund der engen Verwandtschaft in der offenbar kritischen Einstellung des Briefs zum Tempel und der eher positiven zur Stiftshütte (Kap. 9,2 f. und 9,11 ff.)[57], über-

___

sche Auffassung der Johannesoffenbarung die Gegenwart nicht aus (siehe *M. Rissi*, Was ist und was danach geschehen soll. Die Zeit- und Geschichtsauffassung der Offenbarung des Johannes, 1965[2]), und umgekehrt schließt diejenige des Evangeliums die Zukunft nicht aus (dazu *P. Ricca*, Die Eschatologie des 4. Evangeliums, 1966).

[53] Allerdings mit verschiedener Bezeichnung: ἀϱνίον — ἀμνός.

[54] Über Johannesoffenbarung und Gottesdienst siehe *O. Cullmann*, Urchristentum und Gottesdienst, 1944, 1962[4], S. 11; *G. Delling*, Zum gottesdienstlichen Stil der Johannes-Apokalypse, NT 1959, S. 107 ff.; *T. F. Torrance*, Liturgie et Apocalypse. Verb. Caro, 1957, S. 28 ff.; *S. Läuchli*, Eine Gottesdienststruktur in der Johannesoffenbarung, ThZ 1960, S. 359 ff.; *A. Feuillet*, L'Apocalypse, 1963, S. 71; *P. Prigent*, Apocalypse et Liturgie, 1964; *E. Lohse*, Komm. NTD, 1971.

[55] Allerdings finden wir in der Johannesoffenbarung auch Spuren einer anderen Tradition, die wie die jüdische Überlieferung einen himmlischen Tempel kennt (Offb. 11,19).

[56] Eine interessante Beziehung stellt *J. N. Sanders* her in St. John on Patmos, NTS 1962/63, S. 75 ff., indem er den Verfasser der Johannesoffenbarung mit dem Schreiber des Evangeliums (nach ihm Johannes Markus) identifiziert.

[57] Nach *P. Kahle*, op. cit. oben S. 53 Anm. 35, S. 401 f. setzt Hebr. 9,3 Benützung des samaritanischen Pentateuchs voraus. — Hebr. 9,11 ist zu vergleichen mit Apg. 7,48.

haupt in dem gottesdienstlichen Interesse, aber auch in den christologischen Auffassungen. Bereits W. Manson[58] hat dieses Buch mit der Stephanusrede zusammengebracht, und C. Spicq[59] hat in seinem großen Kommentar zum Hebräerbrief die vielen Berührungen zwischen Johannes-Evangelium und Hebräerbrief aufgezeigt. Schon diese Doppelbeziehung Hebräerbrief—Hellenisten und Hebräerbrief—Johannes-Evangelium scheint mir im Hinblick auf die im Vorstehenden nachgewiesene Verwandtschaft Johannes-Evangelium—Hellenisten zugunsten der Zuordnung des Hebräerbriefs zur gleichen Gruppe zu sprechen. Die zusätzliche Feststellung vieler Parallelen zwischen dem Brief und dem heterodoxen Judentum bestätigt seine Zugehörigkeit zum johanneischen Kreis. Y. Yadin und H. Kosmala[60] haben bereits diese so stark von priesterlichen Gedanken geprägte Schrift mit Qumran konfrontiert. Für unsere Frage ist noch wichtiger der Nachweis ihrer Verwandtschaft mit der samaritanischen Theologie, wie er schon im Jahre 1927 von E. A. Knox[61] erbracht und seither weitergeführt worden ist[62].

Die Frage, ob nicht auch außerhalb des Neuen Testaments Spuren des johanneischen Kreises zu finden sind, ist im nächsten Kapitel aufzuwerfen.

6. Die Beziehung zum übrigen Urchristentum

So wenig man mit Scharlemann Stephanus als „singular saint" bezeichnen und von den „Hellenisten" distanzieren darf, so wenig darf der ganze johanneische Kreis, mit dem wir uns befassen, vom übrigen Urchristentum mehr oder weniger losgelöst und mit E. Käsemann in einen „Winkel" verwiesen werden. Wohl sind seine Glieder sich der Verschiedenheit, die sie von der auf die Zwölfe zurückgehenden Kirche trennt, bewußt, auch der Verpflichtung, aufgrund ihrer Eigenheit mit einer besonderen Mission betraut zu sein, nämlich die Sondertradition, von der sie überzeugt sind, daß sie auf Jesus zurückgeht, zu bewahren, zu verteidigen und weiterzugeben. Aber nie führt dieses Bewußtsein zu direkter Polemik gegen die übrigen Christen. Als Minderheit befindet sich die Gruppe allerdings in der Defensive und muß um ihre Selbstbehauptung kämpfen, jedoch

---

[58] *W. Manson*, The Epistle to the Hebrews, 1951. Siehe vor ihm schon *E. F. Scott*, The Epistle to the Hebrews. Its Doctrine and Significance, 1923, S. 62 ff.
[59] *C. Spicq*, L'Epitre aux Hébreux. 2 Bde. 1952, 1953.
[60] *Y. Yadin*, The Dead Sea Scrolls and the Epistle to the Hebrews, 1958. — *H. Kosmala*, Hebräer — Essener — Christen, 1959.
[61] *E. A. Knox*, The Samaritans and the Epistle to the Hebrews. The Churchman, 1927, S. 184 ff. Diesen Hinweis verdanke ich *C. H. H. Scobie*, op. cit, S. 409.
[62] Siehe hierzu die interessanten Ausführungen von *C. H. H. Scobie*, op. cit. S. 409 ff.

ohne irgendwie die auf den Zwölfen fußende Kirche anzugreifen. Die ambivalente Beziehung, die wir im Johannes-Evangelium zwischen Petrus, dem Repräsentanten der übrigen Urgemeinde, und dem „Lieblingsjünger" feststellen werden, spiegelt sehr genau das doppelte Bestreben des johanneischen Kreises wider: einerseits Festhalten bewußter Eigenständigkeit, anderseits Überzeugung von der Notwendigkeit der gegenseitigen Ergänzung im Interesse der Gemeinsamkeit[63]. Auch die Übernahme „synoptischer" Tradition neben johanneischen Sondertraditionen weist in die gleiche Richtung.

Man darf den Gegensatz anderseits auch deshalb nicht allzusehr überspitzen, weil Einflüsse seitens des heterodoxen Judentums, die freilich im johanneischen Kreis gemäß seiner Herkunft dominieren, im übrigen Urchristentum nicht ganz fehlen.

Wir wundern uns nicht, daß mit der charakteristischen doppelten Einstellung des Johannes-Evangeliums zur übrigen Kirche wiederum die Haltung der Hellenisten Jerusalems zusammenstimmt. Auch sie weichen grundlegend von den Zwölfen ab, erfahren daher auch eine andere Behandlung seitens der Juden[64], und doch brechen auch sie die Gemeinschaft nicht ab, obwohl es gelegentlich zum „Murren" gegen die Hebräer kommt (Apg 6,1) und obwohl die Jerusalemer Führer der Gemeinde ihnen mit Mißtrauen begegnen und ihre Missionsarbeit beaufsichtigen[65].

Die Einheit der beiden freilich sehr verschiedenen Jüngergruppen ist letzten Endes wohl in Jesus selbst begründet. Die Frage, inwiefern Jesus, den man gewöhnlich einseitig nur mit der einen zusammenbringt und nur in seiner (allerdings gegensätzlichen) Beziehung zum offiziellen Judentum darstellt, sich auch bis zu einem gewissen Grade ans heterodoxe Judentum, es freilich umgestaltend und sich in vielem von ihm distanzierend, anschließt und neben der synoptischen Predigt gelegentlich auch „johanneische" Lehre" verkündet hat, werden wir erst aufwerfen, nachdem wir im Zusammenhang mit dem komplexen Verfasserproblem des Johannes-Evangeliums von dem mysteriösen Lieblingsjünger gesprochen haben.

Vorerst aber müssen wir, um zu verstehen, daß der johanneische Kreis sich nicht nur gegenüber den übrigen urchristlichen Strömungen, sondern gerade auch gegenüber dem heterodoxen Judentum, aus dem er hervorgegangen ist, behaupten und gegen dieses im Laufe der Zeit sogar zur Polemik übergehen mußte, die weitere Entwicklung des johanneischen Kreises ins Auge fassen.

---

[63] Zur Beziehung zwischen Petrus und dem Lieblingsjünger, siehe unten S. 76, 78 f., 82 und *S. Agourides*, Peter and John in the 4th Gospel (Stud. ev. 4, 1968, S. 3 ff.). Die Gemeinsamkeit betont stark *J. Schmitt*, Le groupe johannique et la chrétienté apostolique. Colloque du Cerdic Strasbourg 1971, S. 169 ff.

[64] Siehe oben S. 44.   [65] Siehe oben S. 44 f.

VII. Kapitel

DIE WEITERE ENTWICKLUNG DES JOHANNEISCHEN KREISES

Wir haben in den beiden vorstehenden Kapiteln vor allem von der Herkunft und von der Entstehung des johanneischen Christentums innerhalb des Urchristentums gesprochen. Aber schon die Notwendigkeit, eine Entwicklung der johanneischen *Traditionen* anzunehmen[1], ferner zu unterscheiden zwischen dem Verfasser und einem ihm nahestehenden späteren Herausgeber bzw. Redaktor oder Redaktoren, veranlaßt uns, die Frage nach einer weiteren Entwicklung des Kreises zu stellen.

Schon früh hat sich die Gruppe offenbar erweitert durch die Aufnahme *bekehrter Samaritaner*. Ich habe oben betont[2], daß bereits vor der Missionierung Samariens die Hellenisten und der johanneische Kreis neben andern heterodoxen jüdischen Elementen samaritanische enthielten und daß dies z. T. den raschen Erfolg der Evangelisation in diesem Lande erklärt. Besonders verständlich ist aber auch, daß die zu Christus bekehrten Samaritaner sich mehrheitlich derjenigen Form des Urchristentums anschlossen, die durch ihre *ersten* Missionare, eben die Hellenisten, vertreten war, die wir aber auch als die johanneische Form bezeichnen dürfen. Die Tatsache, daß diese christlichen Samaritaner zu der Gruppe stießen, hatte aber nicht nur numerische Konsequenzen, sondern jetzt wurde der schon vorhandene Einfluß der samaritanischen Religion auf den johanneischen Kreis durch die neu Hinzugekommenen wesentlich verstärkt[3].

Die Frage der Weiterentwicklung des Kreises muß aber auch im Zusammenhang mit polemischen Tendenzen, die im Johannes-Evangelium und in den Johannesbriefen deutlich nachweisbar sind, aufgeworfen werden. Wir werden ja sehen, daß die Abfassung dieser Schriften nicht in die Zeit der Anfänge der Gruppe gehört und daß der Verfasser des Johannes-Evangeliums, selbst wenn er zu ihren ersten Begründern zu zählen und wohl ihr wichtigster Repräsentant ist, erst im späteren Alter sein Evangelium niedergeschrieben hat[4].

---

[1] Siehe oben S. 8 und 24. [2] Siehe oben S. 49 und 52.

[3] In dieser Form kann ich der These der neueren Arbeiten zustimmen. Siehe oben S. 49. Aber siehe S. 63.

[4] Siehe unten S. 83.

Wir sahen am Ende des vorhergehenden Kapitels, daß ein Bewußtsein grundsätzlicher Verschiedenheit, aber nicht gegensätzlicher Getrenntheit vom übrigen Christentum, also keine eigentliche Polemik gegen das „synoptische" Christentum vorliegt. Wohl aber finden wir polemische Anspielungen — abgesehen von den gegen das offizielle Judentum gerichteten — gerade gegenüber Strömungen des Randjudentums, aus denen der Kreis hervorgegangen ist. Wenn man heute in der johanneischen Forschung dazu neigt, die Gegensätzlichkeit zwischen der johanneischen Gruppe und dem übrigen Urchristentum eher im Sinne offener Polemik zu überspitzen, so unterschätzt man umgekehrt die Tragweite der wirklichen Polemik, die diese Schriften gegenüber gewissen zeitgenössischen synkretistischen Bewegungen aufweisen, oder man sieht in ihr nur eine spätere „kirchliche" Korrektur, nicht einen innerhalb der ursprünglichen Gruppe selbst erfolgten Widerstand.

So besteht ja heute die mehrfach erwähnte Tendenz, mit E. Käsemann im Johannes-Evangelium geradezu ein gnostisches, doketisches Evangelium zu sehen[5]. Verwandtschaft mit heterodoxen Bewegungen und Beeinflussung durch sie schließen ausdrückliche Distanzierung von ihnen keineswegs aus, und obwohl umgekehrt Polemik eine gewisse Verwandtschaft und Beeinflussung im Prinzip nicht ausschließt, scheint mir die im Johannes-Evangelium implizit nachweisbare antignostische[6] und antidoketische Stellungnahme doch unvereinbar mit dem Vorschlag, das Johannes-Evangelium als ein gnostisches und doketisches Evangelium anzusehen.

In der ersten Zeit mögen sich polemische Bestrebungen gegen Strömungen des Randjudentums bei den zu Christus bekehrten, aus jenem hervorgegangenen Gläubigen kaum bemerkbar gemacht haben. Der gemeinsame Gegensatz gegenüber dem offiziellen Judentum vermochte wohl das Band mit dem mehr oder weniger heterodoxen Judentum nicht völlig zu zerstören. Die Bezeichnung „die Juden", der wir im Johannes-Evangelium so oft begegnen, könnte, wie schon erwähnt, einen in diesem Sinne gemeinsamen Gegner bezeichnen. Eine solche bis zu einem gewissen Grade noch bestehende Solidarität erklärt wohl neben den schon erwähnten theologischen Anknüpfungspunkten den schnellen Erfolg der Hellenisten in Samarien (Apg 8).

Aber mit der Zeit mußte sich dies ändern, vor allem, als die johanneische Gruppe sich nach den Ereignissen des Jahres 70 in einer Umgebung ansiedelte, in der sich die versprengten Reste der meisten jener jüdischen Randgruppen zusammenfanden und in der es zu einem ausgesprochenen Synkretismus zwischen diesen Gemeinschaften kam. Sehr wahrscheinlich ist dieses Land Transjordanien, obwohl auch Syrien nicht ausgeschlossen ist.

---

[5] Dagegen *G. Bornkamm* und *E. Ruckstuhl*, siehe oben S. 37 Anm. 28.

[6] Antignostische Polemik nimmt u. a. auch an *K. H. Schelkle*, Das Neue Testament. Seine literarische und theologische Geschichte, 1966, S. 95.

Das johanneische Christentum war im Gegensatz zum Judenchristentum der Pseudoklementinen, das diesem Synkretismus zum Opfer fiel, stark genug, um Widerstand zu leisten.

An der im nächsten Kapitel kritisch zu erwähnenden Tradition, die eine Auswanderung des von ihr mit Johannes dem Zebedaiden identifizierten Verfassers des Johannes-Evangeliums, allerdings nach Kleinasien, voraussetzt, ist wohl auf jeden Fall dies richtig, daß das Evangelium in einer Umgebung abgefaßt wurde, die nicht die des Ursprungslandes der Gruppe war.

Nach unseren bisherigen Ergebnissen ist aber der johanneische Kreis in dieser neuen Umgebung — Transjordanien, vielleicht Syrien — nicht etwa zum ersten Mal in Kontakt mit dem häretischen Judentum gekommen. Vielmehr hat er alle die Strömungen, jetzt allerdings in synkretistischer Steigerung, vorgefunden, die ihm *von Hause aus vertraut waren*, da er aus ihnen zum Teil hervorgegangen war. Wir müssen also mit einem *doppelten* Einfluß des häretischen Randjudentums auf den johanneischen Kreis rechnen: dem mit seiner Herkunft natürlich gegebenen und dem später außerhalb des Ursprungslandes in ausgesprochen synkretistischer Umgebung einsetzenden[7]. Heute mißt man diesem späteren die Hauptrolle zu und im Zusammenhang mit der Ablehnung einer Zurückführung des johanneischen Kreises in die apostolische Zeit sogar die ausschließliche Rolle. In Wirklichkeit war dieser Einfluß wohl weniger nachhaltig, weil die johanneische Gruppe hier bewußt schon in direkter Polemik gegen alle Elemente reagierte, die mit ihrem Glauben an Christus unvereinbar waren. Diejenigen gemeinsamen Vorstellungen, die sich mit diesem Glauben in Einklang bringen ließen und diesem sogar als besonders geeignete Ausdrucksmittel dienten, hatten die Begründer der Gruppe bereits in der Anfangszeit assimiliert.

Die verschiedenen in unserem Kapitel über die Umwelt aufgezählten Strömungen kommen daher zum großen Teil alle auch in doppelter Weise in Betracht, einerseits als Hintergrund in der Entstehungszeit, andererseits in der späteren Zeit der polemischen Auseinandersetzung.

In meinem Artikel der Bultmann-Festschrift von 1954[8] glaube ich, gezeigt zu haben, daß die geradezu erstaunliche Verwandtschaft zwischen Qumran und dem häretischen Judenchristentum der pseudoklementinischen „Kerygmata Petrou" sich wohl nur mit der Annahme erklärt, daß die Überlebenden der Qumransekte, von der wir ja nach dem jüdischen Krieg nichts Sicheres mehr hören, sich nach Transjordanien begeben haben und dort in der judenchristlichen Häresie aufgegangen sind, diese aber anderseits aufs stärkste beeinflußt haben. So mögen auch in dieser Form Qum-

---

[7] Ich spreche hier nicht von dem oben S. 49 und 52 erwogenen Einfluß *bekehrter* Vertreter des heterodoxen, vor allem samaritanischen Judentums.

[8] Siehe oben S. 38 Anm. 36.

ranvorstellungen noch einmal in Berührung mit dem johanneischen Kreis gekommen sein.

Daß die häretischen Judenchristen der Pseudoklementinen ihrerseits sich im gleichen Umkreis wie die johanneische Gruppe befanden, ergibt sich schon aus der gemeinsamen Front gegen die wohl synkretistisch beeinflußte Sekte der späteren *Johannesjünger*[9]. An dieser Tatsache ändert die völlige Verschiedenheit der Methode der Bekämpfung dieser Johannessekte nichts: die Pseudoklementinen greifen Johannes den Täufer selbst an, und dem chronologischen Argument der Sekte der Täuferjünger, nach welchem Jesus als der „später Gekommene" dem Täufer unterlegen sei, begegnen sie in der Weise, daß sie innerhalb der gnostischen „Syzygienpaare" Johannes den Täufer gerade als den Vorhergekommenen direkt zum Prinzip des Bösen machen: Kain vor Abel, Ismael vor Isaak, Esau vor Jakob, Aaron vor Moses, der Antichrist vor Christus, der Täufer vor Jesus. Das Johannes-Evangelium dagegen greift nur die falsche Beurteilung des Täufers durch die Sekte, nicht den Täufer selbst an. Ihn stellt es in der hohen Würde des Kronzeugen des im Fleische erschienen Logos dar; der Logos selbst ist in absoluter Weise „erster", da er ja ἐν ἀρχῇ war (Kap. 1,15).

Die johanneische Gruppe ist zum Teil aus der Gemeinschaft Johannes des Täufers hervorgegangen, besonders diejenigen ihrer Glieder, die für die Abfassung des Johannes-Evangeliums in Betracht kommen. Jesus selbst und die ersten, die ihm nachfolgten, waren ehemalige Täuferjünger (Kap. 1,35 ff). Sollte, wie aus verschiedenen Texten entnommen worden ist[10], auch eine Linie von Johannes dem Täufer nach Samarien führen, so ergäbe sich hier noch ein weiterer Zusammenhang. Aber wie dem auch sei, wir verstehen, daß bereits der Prolog gegen die für den Täufer in Anspruch genommenen Behauptungen der Sekte protestiert: *„er war nicht das Licht!"* (V. 8) Gleich im Anfang der auf den Prolog folgenden Erzählung tritt Johannes der Täufer mit besonderem Nachdruck selbst als Zeuge gegen sie auf: „er bekannte es, und er leugnete es nicht, und er bekannte es; ich bin nicht der Messias" (Kap. 1,20). Auch im weiteren Verlauf setzt der Evangelist die indirekte Polemik fort (Kap. 3,25 ff.). R. Bultmann, der in der Nachfolge W. Baldenspergers[11] und mit W. Bauer[12] diese Polemik mit Recht betont[13], geht dann sogar so weit, daß er an-

---

[9] Siehe mein oben S. 31 Anm. 3 zitiertes Buch, wobei ich allerdings aufgrund der Ausführungen *K. Rudolphs*, Die Mandäer I, 1960, S. 66 ff. keinen *direkten* Zusammenhang mehr mit den Mandäern annehme.

[10] Siehe *C. H. H. Scobie*, John the Baptist, 1964, S. 163 ff.; auch die oben S. 52 Anm. 27 zitierte Arbeit von *J. A. T. Robinson*.

[11] *W. Baldensperger*, op. cit. siehe oben S. 35 Anm. 22.

[12] Siehe Komm.

[13] Der religionsgeschichtliche Hintergrund des Prologs zum Johannesevangelium. Eucharisterion II für H. Gunkel, 1923, S. 3 ff. — Id. auch Komm.

nimmt, der Johannesprolog sei durch den Verfasser von der Sekte der Johannesjünger übernommen: diese Vorlage habe den Täufer verherrlicht[14]. Dies ist mir allerdings zweifelhaft. Wie hätte ein Christ ausgerechnet von den bekämpften Johannesjüngern einen Text übernommen, dessen Aussagen für den von diesen verehrten Gesandten bestimmt waren? Aber auf jeden Fall stimme ich Bultmann darin zu, daß Beeinflussung *und* Bekämpfung die Beziehung zwischen der Täufersekte und dem johanneischen Kreis charakterisieren, wobei wir jedoch die Beeinflussung eher in jenes erste, die Bekämpfung eher in das zweite Stadium der Begegnung verlegen. In dem Lande, in dem sich die johanneische Gruppe niederließ, muß die Täufersekte besonders einflußreich gewesen sein und eine Konkurrenz sowohl für die dort ansässigen Judenchristen der Pseudoklementinen als für die johanneische Gruppe dargestellt haben.

Zu dieser Zeit mag auch ein erneutes Zusammentreffen mit nicht bekehrten *Samaritanern* stattgefunden haben, die schon vorher in ihrem Ursprungsland synkretistisch eingestellt waren. Die pseudoklementinischen Diskussionen zwischen Petrus und Simon dem Magier weisen darauf hin, daß die gnostisierenden Judenchristen der Pseudoklementinen sich wahrscheinlich mit dem Simonskult auseinanderzusetzen hatten[15].

Man hat schon immer betont, daß der *Doketismus* nicht nur in den Johannesbriefen, sondern zumindest indirekt auch im Evangelium bekämpft wird. Schon in Joh 1,14 ist mit den Kirchenvätern vielleicht eine antidoketische Spitze zu sehen[16]. Ignatius von Antiochien bezeugt, daß diese Häresie nicht erst im Bereich der griechischen Diaspora, sondern im Umkreis des Judentums bereits auftaucht und ausgesprochen judenchristlichen Charakter hat[17]. Wohl mögen Spuren eines doketischen Einflusses im Vorstellungskreis des johanneischen Christentums vorzufinden sein, aber seine antidoketische Polemik erlaubt uns doch nicht, mit Käsemann das Evangelium selbst als doketisch anzusehen.

[14] So auch *H. Thyen*, Βάπτισμα μετανοίας εἰς ἄφεσιν ἁμαρτιῶν. Zeit und Geschichte. Festschrift f. R. Bultmann, 1964, S. 117 ff.
Ohne sich dieser These anzuschließen, ist *R. E. Brown*, Komm., S. 28, mit *H. Thyen* (op. cit.) geneigt, auf Grund des Hymnus des Zacharias Luk 1,68 ff., der dem Kinde Johannes vorhersagt, es werde Licht für die „in der Finsternis" sein, anzunehmen, daß die Täufersekte bereits Johannes als „das Licht" gepriesen habe.

[15] Über den Simonskult siehe *L. Cerfaux*, La gnose simonienne, Ges. Aufsätze I, 1954, S. 191 ff. — Während der Drucklegung ist erschienen: *K. Beyschlag*, Simon Magus und die christliche Gnosis, 1974 (Simonianismus erst im 2. Jahrhundert, also keine Vorstufe zum christlichen Gnostizismus).

[16] So auch *R. Schnackenburg*, Komm., S. 242 und *R. E. Brown*, Komm., S. 31. Auch *G. Bornkamm*, op. cit., S. 117. — Zur Frage jetzt: *E. Schweizer*, Jesus der Zeuge Gottes. Zum Problem des Doketismus im JohEv, Festschrift für J. N. Sevenster, 1970, 161 ff.

[17] Auch die Judenchristen der Pseudoklementinen zeigen doketische Tendenzen.

Ist es möglich, die Entwicklung des johanneischen Kreises weiter ins 2. Jahrhundert hinein zu verfolgen? Ich glaube, die Frage ist im Prinzip zu bejahen. Allerdings ist diese Aufgabe deshalb sehr schwierig, weil von einem gewissen Zeitpunkt an die Gruppe mehr und mehr ihre Sonderstellung verliert und kirchlich wie theologisch im übrigen Christentum aufgeht. Mit diesem Vorbehalt können wir aber doch wohl Ignatius von Antiochien zu den Nachfolgern jenes Kreises rechnen, wenn es auch nicht möglich ist, die historische Verbindung herzustellen. Man wäre versucht, weitere Nachwirkungen bei anderen Vätern, etwa bei Irenäus, zu finden. Aber je weiter wir uns von den Anfängen entfernen, desto mehr ist der johanneische Typus mit dem synoptischen und dem paulinischen vermischt, zumal auch der entstehende neutestamentliche Kanon nivellierend wirkt.

So paradox dies scheinen mag, hat sich eine gewisse Sonderart der ursprünglichen Gruppe — allerdings in einer häretischen und der Absicht ihrer Vertreter zuwiderlaufenden Form — in gewissen *gnostischen* Kreisen erhalten. Es ist wohl anzunehmen, daß neben der allgemeinen Tendenz zur Anpassung an das übrige Christentum bei einigen die gegenteilige Versuchung eintrat, sich durch Anschluß an gnostische Gruppen weiter abzusondern. Sie mochte sich um so mehr einstellen, als das Johannes-Evangelium seinerseits auf Gnostiker eine gewisse Anziehungskraft ausübte. Da trat ein dem heterodoxen Judentum, aus dem der johanneische Kreis stammte, und dem Gnostizismus gemeinsamer Mutterboden in Erscheinung.

Doch mit diesem Ausblick, der weiterer Untersuchungen bedürfte, entfernen wir uns von dem eigentlichen Gegenstand der vorliegenden Arbeit.

Wir kommen zum Schluß: mit der neueren Forschung erkennen wir die Auswirkung der in diesem Kapitel erwähnten Begegnung zwischen dem johanneischen Kreis und der synkretistischen Bewegung nach 70 an, aber wir sehen sie in Zusammenhang mit einem viel früheren Einfluß solcher Strömungen bei dem Herauswachsen einer Jüngergruppe aus jenem Randjudentum.

Die Frage, ob wir den johanneischen Jüngerkreis bis in die vorösterliche Zeit in das Leben Jesu hinauf verfolgen dürfen, können wir erst dann zu beantworten wagen, wenn wir die Verfasserfrage des Johannes-Evangeliums behandelt haben. Die bis jetzt festgestellten Ergebnisse werden wir dabei im Auge behalten.

VIII. Kapitel

DER VERFASSER DES JOHANNESEVANGELIUMS IM RAHMEN DES JOHANNEISCHEN KREISES

Erst jetzt suchen wir den Autor des Johannes-Evangeliums zu identifizieren, nachdem wir bisher in den ersten Kapiteln nur allgemein im Zusammenhang mit dem literarischen Charakter und der theologischen Absicht des Evangeliums von ihm gesprochen haben. Zuerst mußte der Versuch gemacht werden, die Hauptmerkmale des johanneischen Kreises kennenzulernen, dessen Existenz ohne Zweifel anzunehmen ist. Die Frage nach der Identität des individuellen Verfassers muß jedoch gestellt werden, zumal die Prüfung des Evangeliums auf eine starke literarische und theologische Persönlichkeit schließen ließ und ihm schon deshalb eine führende Rolle innerhalb der Gruppe zukommen mußte, weil er die Initiative ergriff, in ihrem Namen ein Leben Jesu zu schreiben. Seine hervorragende Stellung muß aber wohl noch andere Gründe haben.

Die Leidenschaft, mit der dieses so komplexe Problem früher behandelt wurde, als ob der Wert des Evangeliums für den christlichen Glauben und die christliche Theologie mit seiner Lösung stünde und fiele, ist gewiß nicht berechtigt. Aber anderseits darf seine Bedeutung auch nicht unterschätzt werden.

Wenn ich in diesem Kapitel die fast bis zum Überdruß immer und immer wieder geführte Diskussion erneut aufgreife, so deshalb, weil ich überzeugt bin, daß die Konsequenzen aus den neuesten Arbeiten über den Hintergrund des Evangeliums, Herkunft und Charakter des johanneischen Kreises, für das Verfasserproblem noch nicht nach allen Seiten gezogen worden sind. Die Behandlung der Verfasserfrage hat sozusagen nicht Schritt mit der neuern Forschung über die *Umwelt* gehalten. Die Einreihung des johanneischen Kreises im Urchristentum, wie ich sie nach verschiedenen Vorarbeiten vorschlage, scheint mir ein neues Licht auf dieses alte Problem zu werfen.

1. Das Problem

Von vornherein stoßen wir wiederum auf die Schwierigkeit, der wir bei der Behandlung der übrigen auf das Evangelium bezüglichen Fragen begegnet sind. Hier wird sie allerdings besonders akut. Von welchem Verfasser werden wir sprechen? Von dem des ursprünglichen Evangeliums? Vom Endredaktor? Von Zwischenredaktoren? Vom Verfasser einer besonders wichtigen Quelle? Von einem im johanneischen Kreise verehrten Manne, der, ohne das Evangelium selbst verfaßt zu haben, von der Tradition doch als Autor angesehen worden wäre, weil er mit seinem Zeugnis *hinter* dem eigentlichen Verfasser stünde?

Ich erwähne auch diese letzte Möglichkeit; denn die beiden großen Kommentare, der R. E. Browns und der R. Schnackenburgs, ebenso wie das wichtige Werk des belgischen Theologen F. M. Braun[1], schlagen alle drei diese übrigens bereits ältere These vor[2], die den Schriftsteller-Evangelisten vom Apostel Johannes dem Zebedäussohn unterscheiden: letzterer stünde eher nur im Hintergrund, sozusagen als Gewährsmann. Im Rahmen dieser gemeinsamen These weichen die von den drei katholischen Gelehrten vorgeschlagenen Lösungen übrigens leicht voneinander ab: während für F. M. Braun der Schriftsteller-Evangelist nur ein Sekretär, der Gewährsmann dagegen für die Konzeption verantwortlich wäre, müßten die Rolle und die Unabhängigkeit des schreibenden Evangelisten, sowohl in literarischer als in theologischer Hinsicht, nach R. E. Brown und R. Schnackenburg viel höher eingeschätzt werden.

Wenn wir von dem Schema ausgehen, das ich im Kapitel über die literarische Einheit des Evangeliums vorgeschlagen habe[3]: mündliche (vielleicht auch z. T. schriftlich fixierte) Tradition — geschriebenes Evangelium, das von einem für den ganzen Aufriß und die theologische Grundabsicht verantwortlichen Mann verfaßt ist — vollständige Revision des ganzen durch einen Redaktor (oder eine Redaktionsgruppe), werden wir uns in diesem Kapitel mit dem Manne zu befassen haben, der das grundlegende Werk geschrieben hat. Wir nennen ihn den Evangelisten. Denn schon jetzt müssen wir festhalten, daß die mehr oder weniger verschwommene und schwer faßbare Rolle des Gewährsmannes, wie sie R. E. Brown und Schnackenburg annehmen, uns nur schwer erlaubt, einem solchen die so originelle Auffassung des Ziels und der literarischen und theologischen Perspektive des Evangeliums zuzuschreiben[4]. Die endgültige Antwort auf die Frage, ob trotzdem hinter dem Evangelisten auch mit einem Gewährsmann zu rechnen ist, können wir allerdings erst am Ende dieses Kapitels erteilen, nachdem wir die äußeren und die inneren Zeugnisse über den Verfasser untersucht haben werden.

Das *äußere* Zeugnis behauptet die Identität des Evangelisten mit dem

---

[1] *F. M. Braun*, op. cit. Bd. I, siehe oben S. 3 Anm. 4.

[2] In etwas verschiedener Form z. B. von *A. Harnack* vorgetragen.

[3] S. oben S. 10.

[4] Dies wäre höchstens bei der Annahme der Hypothese *F.-M. Brauns* möglich, nach der der Schreiber des Evangeliums nur ein einfacher Sekretär wäre.

Apostel Johannes, das *innere* Zeugnis, das in den Schlußversen des Kapitels 21 vorliegt, diejenige mit einem anonymen Augenzeugen: das Evangelium sei von dem „Lieblingsjünger" geschrieben worden, der zu verschiedenen Malen von der Leidensgeschichte an erwähnt wird.

Von Anfang an müssen wir also zwei Fragen unterscheiden, die allzuoft miteinander verwechselt werden: ist der Verfasser (oder nach den genannten Hypothesen der Gewährsmann) identisch mit dem Apostel Johannes? Ist der Verfasser (oder der Gewährsmann) ein Augenzeuge? Die erste Frage geht vom äußeren Zeugnis aus, die zweite vom inneren, und die zweite impliziert nicht notwendig die erste, denn der Name des Augenzeugen ist im Evangelium selbst nirgends genannt.

Neben dem äußeren und dem inneren Zeugnis gibt es eine dritte Lösung, die erst von der kritischen Forschung vorgeschlagen wird, und zwar von der Mehrzahl ihrer Vertreter: nach ihr käme weder der Apostel Johannes noch überhaupt ein Augenzeuge in Betracht. Das bedeutet, daß das äußere wie das innere Zeugnis in diesem Falle bestritten wird. Wir werden also unsererseits diese in den Einleitungen zum Neuen Testament so oft und so eingehend untersuchten Zeugnisse kurz kritisch prüfen. Wir beginnen mit dem wichtigeren inneren Zeugnis. Aber im Unterschied zu der üblichen Behandlung in den Einleitungen werden wir zunächst versuchen, den Verfasser nach dem *Inhalt des ganzen Evangeliums* zu charakterisieren, und zwar zunächst unter Ausschluß der Stellen, die sich auf den ungenannten Jünger beziehen, der in Kapitel 21, 24 mit dem Verfasser identifiziert wird. Erst nachdem wir dem gesamten Evangelium ein *allgemeines* Bild von seinem Verfasser entnommen haben, werden wir dieses mit den *direkten* äußeren und inneren Zeugnissen konfrontieren. Der Versuch, aus dem Gesamtcharakter des Evangeliums ein Bild des Verfassers abzuleiten, schließt sich direkt an die Ergebnisse der vorstehenden Kapitel an.

2. Allgemeine Charakteristik des Verfassers nach dem Inhalt des Evangeliums unter Absehung der auf den ungenannten (Lieblings-) Jünger bezüglichen Stellen

Die Abschiedsreden erlauben uns, wie wir gesehen haben, die Bedeutung der Berufung zum Evangelisten, die der Verfasser erhalten zu haben sich bewußt ist, zu ahnen. Er weiß sich vom Parakleten inspiriert, der „ihn über alle Dinge belehrt und ihn an alles erinnert, was Jesus gesagt hat" (Joh 14,26). Das griechische Wort für „erinnern" bezieht sich, wie ich mehrfach betont habe, im Johannes-Evangelium nicht nur auf die Erinnerung an das materielle Ereignis oder an ein von Jesus in einem bestimmten Augenblick gesprochenes Wort, sondern zugleich auf deren tieferes Verständnis[5]. Eine Erinnerung in diesem Sinne wird den Jüngern verheißen. Sicher schließt der Verfasser seine eigene Evangelistentätigkeit in die Verwirklichung dieser Erinnerung ein, wenn er in Kapitel 16,12 das Wort Jesu bringt: „Ich habe euch noch viel zu sagen, aber ihr könnt es jetzt nicht tragen, wenn aber jener, der Geist der Wahrheit, kommen wird, da wird er euch in alle Wahrheit führen." Dank dieser Überzeugung weiß er sich berufen, die Ereignisse in die besondere theologische Perspektive zu stellen, von der wir gesprochen haben. Diese Perspektive setzt voraus, daß er eine gewisse Zeit nach dem Tode Jesu schreibt und daß die Organisierung der Gemeinde mit ihren Problemen ihn beschäftigt, vor allem der Gottesdienst und die Mission.

Nach dem inhaltlichen Gesamtzeugnis des Evangeliums geht der Verfasser aus einem jüdischen Kreis hervor, der verschieden ist von demjenigen des großen Stroms des Judentums und der durch fremde Einflüsse geprägt ist. Er sieht den Tempelkult als abgetan an, da die göttliche Gegenwart für ihn nunmehr an die Person Christi in seiner Inkarnation und an eine Anbetung „im Geist und in der Wahrheit" gebunden ist.

Er interessiert sich in besonderer Weise für Johannes den Täufer und hält daran, die Sekte zu bekämpfen, die sich auf diesen beruft, indem sie, was für einen Jünger Jesu nicht mehr möglich ist, seine Funktion unabhängig von derjenigen Jesu betrachtet. — Er mißt der Mission in Samarien und denen, die dort das Evangelium eingeführt haben, den Jerusalemer „Hellenisten", eine große Bedeutung bei.

Das besondere Interesse für Judäa, das die Auswahl der Erzählungen zeigt, legt die Vermutung nahe, daß er aus Judäa stammt[6]. Die Leidensgeschichte, die ja auch dorthin gehört, weist an vielen Punkten einen größeren historischen Wert auf als die der Synoptiker.

Die Zwölfe spielen als Gruppe fast keine Rolle im Evangelium (nur ein Mal werden sie genannt: in Kapitel 6,70). Dagegen treten andere, und zwar auch intime Jünger Jesu wie Nathanael und Lazarus an entscheidender Stelle auf. Man kann daraus wohl schließen, daß er selbst nicht zu den Zwölfen gehört. Abgesehen von der gemeinsamen Tradition verfügt er über besondere Erinnerungen, die auf einen von demjenigen der galiläischen Fischer verschiedenen Umkreis zurückgehen. Im Evangelium treten auch Personen auf, die einer anderen sozialen Schicht angehören.

Der Verfasser zeigt einen hohen Bildungsgrad. Seine theologische Beurteilung des Lebens Jesu, von dem aus die Linien weitergezogen werden,

---

[5] Siehe oben S. 18 f.

[6] Die Frage, ob dies auch impliziert, daß der ganze johanneische Kreis aus Judäa stammt, muß offen bleiben. Die Tendenz der Forscher, die sich mit der samaritanischen Frage befassen, geht dahin, den Kreis in den Norden zu verlegen und sogar das Evangelium als „nördlich" zu bezeichnen (s. *J. Bowman,* Samaritanische Probleme, S. 56), was mir trotz des starken Interesses für Samarien fragwürdig ist.

beweist es. Er hat sich die Denkweise und gewisse Denkformen des vom Hellenismus beeinflußten Judentums, aus dem er hervorgeht, angeeignet.

Die intensive Bemühung, die Beziehung zwischen dem Inkarnierten und der Kirche herzustellen, anderseits die besonderen Traditionen, vor allem was die Lehre Jesu betrifft, beweisen, daß er zu einer Gruppe, ja sogar zu einer Gemeinschaft gehört, in·der trotz des mit allen Christen gemeinsamen Erbes ein Christentum gepflegt wird, das zugleich vom synoptischen und vom paulinischen verschieden ist. Seine Art der Leben-Jesu-Darstellung ist gerade dazu bestimmt, zu beweisen, daß dieser Typus von Christentum *ebenfalls auf den inkarnierten Jesus zurückgeht.* Trotzdem wollen der Verfasser und seine Glaubensgenossen nicht eine Art Sekte sein, wie gesagt worden ist. Sein Universalismus und seine Sorge um die *Einheit* der Kirche, die Benützung von Traditionen, die er mit der synoptischen Tradition neben den von ihr unabhängigen Traditionen gemeinsam hat, bestätigt, daß er trotz seines Bewußtseins von der hohen Mission seiner Gruppe und seines Evangeliums die Beziehung zur Gesamtkirche aufrechterhält.

Das Evangelium bietet keinerlei Anhaltspunkt, der uns erlauben würde, den Namen des Verfassers zu erraten.

Dies sind also die Elemente, die wir jetzt zuerst mit den äußeren Zeugnissen konfrontieren, dann mit den internen derjenigen Stellen des Evangeliums, die vom anonymen Jünger sprechen.

3. Die äußeren Zeugnisse

Wir halten uns nicht bei den ausführlichen Diskussionen über die äußeren Zeugnisse auf, die man in allen Einleitungen zum Neuen Testament nachlesen kann. Wir beschränken uns auf einige Punkte, die hier in Betracht kommen. Die Tradition behauptet, den Namen des Verfassers zu kennen, den das Evangelium selbst verschweigt: es wäre der Apostel Johannes, der Sohn des Zebedäus. Sie ist jedoch spät und geht nicht über das Ende des 2. Jahrhunderts zurück, wo Irenäus (adv. haer. III,1,2) zum ersten Mal schreibt: „Johannes der Jünger des Herrn, der auch an seiner Brust lag, hat selbst das Evangelium herausgegeben, als er in Ephesus weilte." An anderer Stelle (adv. haer. III,3,4) sagt er, Johannes habe dort bis zur Zeit Trajans gelebt, und da er ihn hier „Zeugen der Tradition der Apostel" nennt, meint er mit diesem Johannes den Sohn des Zebedäus, obwohl er ihn an der erstgenannten Stelle nur als „Jünger des Herrn" bezeichnet. Irenäus behauptet, mit Presbytern in Beziehung gestanden zu haben, besonders mit Polykarp, der Johannes gekannt habe, wobei dieser Johannes nicht näher bezeichnet, aber mit denen zusammengestellt wird,

die den Herrn gesehen haben[7]. Obwohl der Kanon Muratori diesen Text
des Irenäus als Zeugnis aus Rom stützt, erlaubt uns jedoch keiner der beiden, dieser Tradition ein höheres Alter zuzuschreiben. Die Erwähnung
durch den Bischof Polykrates (gegen 190) des zu Ephesus befindlichen Grabes des „Johannes, der Priester war und an der Brust des Herrn ruhte",
führt nicht weiter.

Man hat das Zeugnis des Irenäus sozusagen a priori durch die Behauptung zu bestreiten gesucht, Johannes der Zebedäussohn habe das Martyrium gleichzeitig mit seinem Bruder Jakobus, also schon im Jahre 44, erlit-
ten, so daß keine Zeit für die Abfassung des Evangeliums durch ihn ver-
bliebe. Aber diese sehr ungewisse Datumsbestimmung beruht einerseits
auf ganz späten Texten, einem aus dem 5., einem anderen aus dem 9. Jh.,
deren Verfasser diese Angabe über das Martyrium des Johannes bei Papias
gelesen haben wollen, anderseits ist das Hauptargument, mit dem diese
Behauptung bewiesen werden soll, sehr problematisch: das Wort Mk 10,39,
in dem Jesus zugleich den *beiden* Söhnen des Zebedäus den Märtyrertod
voraussagt, sei ein sogenanntes „vaticinium ex eventu", also eine Prophezeiung, die Jesus in den Mund gelegt worden sei, nachdem die beiden
schon getötet worden wären, und da wir wissen, daß Jakobus im Jahre 44
Märtyrer geworden ist (Apg 12,1), so stehe dieses Datum aufgrund von
Mk 10,39 auch für den Tod seines Bruders Johannes fest. Ohne die große
wissenschaftliche Autorität von Eduard Schwartz, der diese These vertreten
hat[8], wäre diese wahrscheinlich nie so ernsthaft, wie dies der Fall ist, in
Betracht gezogen worden.

Aber trotz der Fragwürdigkeit dieses Arguments bleibt das Zeugnis des
Irenäus über die Abfassung des Evangeliums durch Johannes, einen der
Zebedäussöhne, die Jesus „Donnersöhne" genannt hatte, sehr problematisch. Sie läßt sich schwerlich mit der allgemeinen Charakteristik des Verfassers vereinen, die sich uns im Vorstehenden aus der Befragung des Inhalts des Evangeliums ergeben hat, vor allem nicht mit der nahegelegten
Herkunft des Verfassers aus Judäa — die Zebedäussöhne sind Galiläer —;
mit seiner Zugehörigkeit zu einer Jüngergruppe, die von derjenigen der
Zwölfe verschieden scheint und über unabhängige Traditionen verfügt;
mit der Beeinflussung durch ein heterodoxes palästinensisches Judentum[9];

---

[7] Euseb, H. E. V, 20,4.

[8] *E. Schwartz,* Über den Tod der Söhne Zebedaei, 1904. Vor ihm aber schon:
A. Réville, Jésus de Naz., 1897, I, S. 354 f. Die Erwägung, das Wort wäre nicht
überliefert worden, wenn das Martyrium beider nicht eingetroffen wäre, hätte
nur dann einen Wert, wenn die Etappen der Überlieferung dieses Wortes fest-
stünden. Man könnte umgekehrt annehmen, Mk 10,39a habe den Anstoß zu
der späten Nachricht über den gleichzeitigen Tod der beiden Brüder gegeben.

[9] Das Ansinnen der Zebedäussöhne in Lk 9,51, Feuer auf eine samaritanische Stadt regnen zu lassen, könnte man schwer vereinbar mit dem besonderen
Interesse des Verfassers unseres Evangeliums für Samarien finden.

mit dem verhältnismäßig hohen Bildungsgrad und dem Kontakt mit Männern aus anderen sozialen Kreisen. Man könnte auch die Bezeichnung „Donnersöhne", falls sie sich (was freilich nicht sicher ist) auf das Temperament der beiden Brüder beziehen sollte, schwer vereinbar mit der eher nach innen gewandten Art des Evangelisten finden.

Die gleichen Schwierigkeiten ergeben sich auch dann, wenn der Apostel Johannes nur als Gewährsmann, also nicht als der eigentliche Verfasser des Evangeliums angesehen wird, wie dies vorgeschlagen worden ist[10]. Denn wie könnte man annehmen, der Evangelist habe sich auf das Zeugnis eines Jüngers gestützt, der so völlig verschieden von seinem eigenen Kreis gewesen wäre? Wenn er selbst nicht zu den Zwölfen gehört, so ist kaum vorstellbar, daß er sich auf einen der Zwölfe berufen hätte. Dies gilt nicht nur für seine theologische Orientierung, sondern auch für die Benützung der unabhängigen Sondertraditionen. Die gleichen Fragen werden wir stellen müssen, wenn wir nachher die *internen* Zeugnisse über den „Lieblingsjünger" mit dem Bild konfrontieren, das wir dem allgemeinen Charakter des Evangeliums entnommen haben.

Zuerst müssen wir mit diesem aber noch ein anderes äußeres Zeugnis über den Verfasser vergleichen, dasjenige des Papias (nach Euseb, H. E. III,39,3), der in einer Aufzählung von Männern, bei denen er sich erkundigt habe, zwei Mal einen Johannes nennt, zuerst unter den „Alten", zusammen mit Aposteln, die auch als „Jünger des Herrn" bezeichnet werden, zwischen Jakobus und Matthäus; dann mit Aristion und auch mit der Bezeichnung „der Alte" (Presbyteros) versehen, wobei aber dieser an zweiter Stelle genannte Johannes und Aristion auf jeden Fall im gegenwärtigen Text *ebenfalls* „Jünger des Herrn" genannt werden. Trotzdem werden hier sicher zwei Johannes unterschieden. Aber die endlosen Diskussionen über die durch diesen Text aufgeworfenen exegetischen Probleme, für die ich auf die Einleitungen im Neuen Testament verweise, zeigen nur, daß man seine Tragweite für unsere Frage übertrieben hat, und hier ist es zweifellos die Autorität Harnacks, die den auf diesem Zeugnis aufgebauten und in zahlreichen Varianten immer wiederkehrenden Thesen so großen Erfolg verschafft hat[11].

Die Hypothese einer Verwechslung zwischen dem Apostel Johannes und einem „Presbyter" Johannes, die sich auf diesen Text stützt, verdankt ihre Beliebtheit wohl außerdem dem Bestreben, auf diese Weise wenigstens den Namen „Johannes" in Zusammenhang mit dem Evangelium nicht fallenzulassen, wenn es auch ein anderer als der von Irenäus gemeinte ist. Harnack selbst glaubt, der Apostel Johannes sei eine Art „Gewährsmann", während der Verfasser eben der Presbyter „Johannes" wäre. Andere Va-

---

[10] S. oben S. 68.
[11] *A. Harnack*, Die Chronologie der altchristlichen Literatur bis Eusebius, 1897, 659 ff.

rianten der These eliminieren den Apostel Johannes ganz zugunsten des „Presbyters Johannes"[12]. Alle machen dabei geltend, daß Dionysios von Alexandrien (ca. 265) das Vorhandensein zweier „Johannesgräber" in Ephesus erwähne, also von zwei Johannes wisse, wovon der eine mutmaßlicher Verfasser der Apokalypse wäre. Endlich stützen sich die auf den Presbyter Johannes bezüglichen Thesen auf die Bezeichnung „Alter" (Presbyteros), die sich der Verfasser des 2. und des 3. Johannesbriefs zulegt, ohne freilich den Namen Johannes hinzuzufügen.

Aber wenn auch die Existenz eines Presbyters Johannes anzunehmen ist, so wissen wir nicht nur nichts über ihn, sondern wir haben auch keinen alten Text, der eindeutig behauptet, das Evangelium sei von ihm geschrieben worden. Unter diesen Umständen ist es sehr fragwürdig, ihn mit dem Verfasser zu identifizieren. Wenn wir für diese Hypothese die gleiche Frage wie für die Tradition vom Apostel Johannes als Verfasser aufwerfen: ob sie sich mit den aus dem Inhalt des Evangeliums für die Verfasserfrage zu erschließenden Folgerungen verträgt, so können wir ihr nur den einen Vorteil zuerkennen, daß sie den Evangelisten außerhalb des Zwölferkreises stellt. Ob die übrigen Charakteristiken auf den hypothetischen „Presbyter Johannes" zutreffen, läßt sich nicht ausmachen, da wir, wie gesagt, nichts über ihn wissen.

Wir gehen also zu den Stellen über, die von einem anonymen Jünger sprechen und ein *direktes* Selbstzeugnis über den Verfasser nahelegen, und wir werden auch dieses mit der allgemeinen Charakteristik konfrontieren, die wir dem Evangelium zunächst unter Absehung von diesen Stellen entnommen haben.

4. Das innere Zeugnis des Evangeliums über den anonymen Jünger

Wir sehen uns zunächst die Stellen über „den Jünger, den Jesus liebhatte", an, dann die beiden anderen, an denen auch ein nicht mit Namen genannter Jünger erscheint, der freilich nicht auf die gleiche Weise bezeichnet wird. Der sog. „Lieblingsjünger" wird zum ersten Mal in Kapitel 13,23 ff. erwähnt. Er liegt bei der letzten Mahlzeit mit dem Rücken an der Brust Jesu. Petrus wendet sich an ihn, um Jesu Meinung über die Identität des Verräters zu erfahren. In Kapitel 19,26 steht er unter dem Kreuz, und Jesus vertraut ihm seine Mutter an. In 20,2 ff. werden er und Petrus durch Maria Magdalena darüber benachrichtigt, daß das Grab leer ist, und daraufhin laufen die beiden zum Grabe. Petrus kommt als erster an, dann der Lieblingsjünger, dieser tritt ein, „sieht und glaubt" (V. 8). In Kapitel 21, das wahrscheinlich hinzugefügt ist, erscheint dieser Jünger zweimal, zu-

---

[12] *J. Colson*, L'énigme du disciple que Jésus aimait. 1969 nimmt z. B. eine Verwechslung zwischen diesem Johannes und dem Zebedaiden an.

nächst in Vers 7: hier befindet er sich auf dem See Tiberias im Schiff und erkennt den auferstandenen Herrn, dann in den Versen 20—24: hier folgt dieser Jünger dem Petrus, dieser kehrt sich um, und als er diesen Jünger sieht, befragt er Jesus über dessen Los. Jesus antwortet: „Wenn ich will, daß er bleibt, bis ich komme, was macht das dir aus? Du folge mir nach." Der Redaktor fügt hinzu: als dieses Wort Jesu unter den Jüngern bekannt geworden sei, sei es dahin gedeutet worden, daß „dieser Jünger nicht sterbe". Der Redaktor korrigiert aber ausdrücklich diese nach ihm falsche Interpretation, indem er den wahren Wortlaut des Jesuswortes wiederholt und betont, Jesus habe nicht gesagt, der Lieblingsjünger sterbe nicht. Es ist ganz klar, daß der Redaktor sich hier verpflichtet sieht, diese Korrektur deshalb anzubringen, weil der Jünger inzwischen tatsächlich gestorben *ist*, und zwar wahrscheinlich kurze Zeit vorher. — Der nächste Vers, V. 24, von dem wir schon gesprochen haben, sagt ausdrücklich, das sei der Jünger, „der von diesen Dingen Zeugnis abgelegt und sie aufgeschrieben habe". Das ist deutlich eine abschließende Erklärung, die der Redaktor über den Verfasser der Kapitel 1—20 abgibt.

a) Identität des Lieblingsjüngers mit den zwei Anonymen von Kapitel 1,35 ff. und 18,15 ff.?

Den aufgezählten Stellen müssen wir zwei andere hinzufügen, an denen ein anonymer Jünger auftritt, der hier jedoch nicht als Lieblingsjünger Jesu bezeichnet wird. Es handelt sich zunächst um Kapitel 1,35 ff. Zwei Jünger des Johannes des Täufers folgen Jesus nach und fragen ihn, wo er wohne. Der eine wird mit Namen genannt: Andreas, Bruder des Simon Petrus (der seinerseits in V. 41 erscheint). Der andere wird nicht genannt. Warum dieses seltsame Verschweigen des Namens? Die gleiche Frage stellt sich an der zweiten Stelle: Kapitel 18,15 ff.: Petrus und „ein anderer Jünger", dessen Name nicht angegeben wird, folgen Jesus nach seiner Festnahme nach. Da der anonyme Jünger mit dem Hohenpriester bekannt ist, führt er Petrus in den Palast.

Zwei Erwägungen machen die Identifizierung des ungenannten Jüngers dieser beiden Stellen mit dem „Lieblingsjünger" sehr wahrscheinlich. Sie haben zunächst miteinander gemeinsam, daß ihr Name nicht genannt wird. Schon hier ist die Vermutung auszusprechen, daß in *beiden* Fällen dieses Verschweigen eine Beziehung zu dem Verfasser nahezulegen scheint. Ein anderer Grund des Verschweigens ist nicht ersichtlich. Wir haben gesehen, daß die Identität des Lieblingsjüngers mit dem Verfasser in Kapitel 21,24 ausgesprochen ist, eine Behauptung, die wir jedoch noch unter anderen Gesichtspunkten prüfen müssen.

Der zweite Grund, weshalb die beiden Stellen über den anonymen Jünger mit denen, die vom Lieblingsjünger sprechen, zusammenzunehmen sind, betrifft den Kontext. Dieser konfrontiert beide Male, wie die Lieblingsjüngerstellen, *Petrus mit diesem Jünger,* und zwar an der zweiten Stelle mit dem gleichen Motiv, daß Petrus zwar keineswegs bekämpft wird, daß aber trotzdem der Lieblingsjünger eine gewisse Vorzugsstellung ihm gegenüber einnimmt.

b) Sind die Stellen über den Lieblingsjünger ein Einschub?

Bevor wir uns fragen, ob das Selbstzeugnis des Evangeliums uns erlaubt, über diesen mysteriösen Jünger nähere Angaben zu machen, müssen wir die mehrfach vertretene These prüfen, nach der die Lieblingsjüngerstellen in das Evangelium durch den Redaktor eingeschoben worden wären, der das Kapitel 21 mit den Schlußversen geschrieben hat und der aus Anlaß des „Lanzenstiches" (Kapitel 19,35) dort vielleicht auch die Bemerkung über die Echtheit des Zeugnisses dessen, „der es gesehen hat", hinzugefügt hat. Wenn wir die Lieblingsjüngerstellen im Lichte *der allgemeinen theologischen Ausrichtung des Evangeliums* prüfen, so passen sie jedenfalls sehr gut zu dieser. Die fast durchgehende Konfrontierung zwischen Petrus und dem Lieblingsjünger, die die beiden Jünger zugleich als sich ergänzend und doch mit einer gewissen Bevorzugung des Lieblingsjüngers zusammenstellt, entspricht ganz und gar der Tatsache, daß das *ganze* Evangelium, auch abgesehen von den genannten Stellen, eine Theologie und Traditionen bezeugt, die von denen der Zwölfergruppe verschieden sind, die hinter der synoptischen Tradition steht und als deren Sprecher dort Petrus erscheint. Wenn anderseits der Lieblingsjünger nur in den Erzählungen auftritt, die sich in Judäa abspielen, so entspricht auch dies dem Sonderinteresse des *ganzen* Evangeliums für Judäa.

Die beiden Stellen Kapitel 1,35 ff. und Kapitel 18,15 ff. setzen ebenfalls eine für das *ganze* Evangelium charakteristische Situation voraus: die erste, die den ungenannten Jünger als einen ehemaligen Jünger Johannes des Täufers vorstellt, erklärt das ausgesprochene Interesse des Evangeliums für die Täufersekte; die zweite, die seine Bekanntschaft mit dem Hohenpriester erwähnt, stimmt zu der Beobachtung, daß der Verfasser nach dem *ganzen* Evangelium Männer kennt, die aus anderen sozialen Kreisen kommen.

Man kann sich auch fragen, ob die Art und Weise, wie der Verfasser von Kapitel 21 im Vers 20 den Lieblingsjünger als denjenigen einführt, der beim letzten Mahle Jesu an dessen Brust gelegen habe, nicht verständlicher wird, wenn er sich hier auf eine Stelle des ihm schon vorliegenden Evangeliums bezieht, als wenn er diese Stelle selbst erst in Kapitel 13,23 eingeschoben hätte.

Immerhin enthält die These, nach der alle Lieblingsjüngerstellen Zusätze des Redaktors wären, wahrscheinlich einen Wahrheitskern. Wenn der Evangelist sich selbst in der Person dieses Jüngers in die Erzählung eingeführt hat, so ist es schwer verständlich, daß er sich dabei selbst als

den, „den Jesus lieb hatte", bezeichnet hätte. Wir haben gesehen, daß in
Kapitel 18,25 der anonyme Jünger einfach „ein anderer Jünger" genannt
wird[13]. In Kapitel 20,2 ist das Wort „ein anderer", griechisch ἄλλος, mit der
Bezeichnung „der, den Jesus lieb hatte" kombiniert. Diese beiden Stellen
lassen die Hypothese als sehr plausibel erscheinen, nach der sämtliche auf
diesen Jünger bezüglichen Stellen ihn ursprünglich *„einen anderen Jünger"* genannt haben und daß erst der Redaktor die Worte „der, den Jesus
lieb hatte" hinzugefügt habe[14]. Daß er in 18,15 diesen Zusatz unterlassen
hätte, könnte zufällig sein. Wenn der Jünger in 1,37 ff. noch nicht so bezeichnet wird, so kann dies daher kommen, daß es sich da um eine erste
Begegnung zwischen Jesus und ihm handelt; die besondere Gunst, die
Jesus ihm erzeigte, wäre erst während des letzten Aufenthalts Jesu in
Jerusalem offenbar geworden, und zwar besonders während des letzten
Mahles.

Wie dem auch sei, die Annahme, die Lieblingsjüngerstellen seien Zusätze des Redaktors, scheint mir unnötig und sogar unwahrscheinlich. Aber
wer ist dann der mysteriöse anonyme Jünger, von dem das Evangelium
spricht? Das führt uns zur Prüfung der verschiedenen Erklärungen, mittels
deren man das Rätsel zu entschleiern versucht.

c) Identifizierungsversuche

Eine radikale Lösung, die alle historischen Identifizierungsversuche a
priori überflüssig macht, besteht darin, daß man den Jünger überhaupt
nicht als eine historische Persönlichkeit, sondern als symbolische Idealfigur
betrachtet. Die Schwierigkeit, auf die man dann stößt, wenn man ihn unbedingt mit einem der aus den Synoptikern bekannten Jünger gleichsetzen
will, hat zu dem Erfolg dieser Hypothese beigetragen. Schon A. Jülicher,
A. Loisy, M. Goguel und andere haben den Lieblingsjünger als Symbol
des *idealen* Jüngers angesehen, dem keine historische Wirklichkeit zu-
komme. Andere haben in ihm die Personifizierung einer bestimmten urchristlichen Gruppe gesehen, Bultmann derjenigen des hellenistischen
Christentums (im Bultmannschen Sinne) als Gegensatz zu dem durch die
Mutter Jesu und Petrus vertretenen Judenchristentum, A. Kragerud des
prophetischen Christentums im Gegensatz zu dem institutionellen. Je
nachdem man den Charakter der johanneischen Gruppe definiert, stellt
sich die „kollektive" Deutung des Jüngers mit leichten Unterschieden dar.

Obwohl ich selbst in allen voranstehenden Kapiteln den Gemeinde-
charakter des johanneischen Kreises stark betone, glaube ich nicht, daß in
den kollektiven Erklärungen des Rätsels Lösung zu suchen ist. Immerhin
enthalten auch sie einen Wahrheitskern. Wir haben gesehen, daß durch

---

[13] Die Variante, die den Artikel vor ἄλλος setzt, ist wohl sicher sekundär.
[14] Siehe *R. E. Brown*, Komm., S. XCIV. In diesem Falle wäre der Artikel vor
ἄλλος in Kap. 20,2 ebenfalls vom Redaktor hinzugefügt worden.

das ganze Evangelium hindurch die Personen und Ereignisse in den Erzählungen über das Leben Jesu insofern eine „typische" Bedeutung haben,
als sie gleichzeitig auf die Situation in der Kirche hinweisen. Ebenso habe
ich aber in den Kapiteln über die Absicht und den historischen Wert die
Tatsache betont, daß der Verfasser gerade die enge *Beziehung* zwischen
der Geschichte und ihrem theologischen Wert für die Kirche aufzeigen
will: das historische Ereignis betrifft gleichzeitig das Leben des Inkarnierten und seine Verlängerung im Leben der Kirche. Niemals *erfindet* der
Evangelist ein Ereignis oder eine Person in einer allegorischen Zielsetzung.
Der historische Charakter der Ereignisse ist *für ihn* ein durchaus unent-
behrliches und grundlegendes Element seiner These. So stimmt es zwar,
daß der „Lieblingsjünger" seine Gemeinschaft, seine so besonders geprägte, aus dem nichtkonformistischen Judentum hervorgegangene Gruppe
„darstellt", so wie Petrus, mit dem er konfrontiert wird, das aus dem
offiziellen Judentum hervorgegangene Christentum „darstellt". Aber der
hieraus gezogene Schluß, der Lieblingsjünger sei eine Idealfigur und habe
niemals existiert, ist mit der Absicht des Evangeliums, wie wir sie definiert
haben, unvereinbar.

Übrigens müßte der Gedankengang, der zu dieser These geführt hat,
folgerichtig zu dem absurden Schluß führen, daß Petrus, der *regelmäßige
Gegenspieler des Lieblingsjüngers*, auch nur eine „Idealfigur" sei. Weiter
wären die Verse 20—24 des 21. Kapitels, in denen der Redaktor sehr präzise Erklärungen über den Lieblingsjünger abgibt, unverständlich, wenn
sie sich nicht auf eine wirkliche individuelle Person bezögen. Die Art, wie
der Redaktor dort von diesem Jünger spricht, das Dementi, das er sich verpflichtet fühlt, der Deutung eines diesen betreffenden Jesuswortes ent-
gegenzusetzen, als ob es besagen wollte, „dieser Jünger sterbe nicht", sind
so klare Hinweise auf eine konkrete historische Situation, daß alle Versuche, diese Tatsache zu verschleiern oder wegzudeuten, als unmöglich anzusehen sind. Offenkundig korrigiert doch der Redaktor jene Deutung,
weil der Lieblingsjünger inzwischen *gestorben ist*. Das kann sich nicht auf
eine Idealfigur beziehen.

Wir werden erst nachher die Frage stellen, ob der Jünger das Evangelium wirklich selbst geschrieben hat oder ob er nur die Autorität ist, die
hinter dem schreibenden Evangelisten steht. Für den Augenblick kommt es
mir nur darauf an, festzuhalten, daß der Redaktor, der Kapitel 21 geschrieben hat, die Entstehung des Evangeliums mit einem *konkreten* Jünger in Zusammenhang bringt und daß die übrigen Stellen über den Jünger dem Leser auch diese Beziehung nahelegen, wie er sie sich auch vorstellen mag.

Erlaubt uns das interne Zeugnis den *Namen* dieses Jüngers zu erraten?
Wir haben gesehen, daß die Behauptung des Irenäus, der Verfasser sei der

Apostel Johannes, sich mit dem Gesamtzeugnis des Evangeliums kaum vereinen läßt. Das gleiche muß nun auch im besonderen von den Stellen über den ungenannten Jünger gesagt werden. Sie enthalten alle nicht einmal einen indirekten Hinweis auf den Apostel Johannes. Denn der V. 41 von Kapitel 1, den man hier oft zur Stütze der Irenäustradition herangezogen hat, spielt in Wirklichkeit in keiner Weise auf den Apostel Johannes an.

Um der Lösung nahezukommen, muß man sich vor allem von dem a priori frei machen, nach dem der Jünger unbedingt unter den Zwölfen zu suchen wäre[15]. Wir dürfen nicht von der synoptischen Tradition ausgehen, um dieses johanneische Problem zu lösen. Nichts in der johanneischen Erzählung vom letzten Abendmahl Jesu, während dessen der Lieblingsjünger an seiner Brust lag, läßt den Schluß zu, daß nur die Zwölfe anwesend gewesen wären[16]. Wir haben gesehen, daß im ganzen vierten Evangelium die Zwölfe als Gruppe keine wesentliche Rolle spielen (sie erscheinen überhaupt nur ein einziges Mal, in Kapitel 6,70) und daß wir im Gegenteil in der Umgebung Jesu andere intime Jünger wie Nathanael und Lazarus finden. Besonders aber zielen gerade die Stellen über den ungenannten Jünger auf eine Gegenüberstellung zwischen ihm und Petrus, die fast eine gewisse Konkurrenz der beiden nahelegt, obwohl freilich jede Polemik fehlt. Diese Gegenüberstellung beweist, daß der Jünger nicht zu den Zwölfen gehört, sondern Repräsentant einer besonderen Jüngergruppe ist, so wie Petrus der Repräsentant der Zwölfergruppe ist.

Was das 21. Kapitel im besonderen betrifft, so scheint es mir sogar auszuschließen, daß der Redaktor, der dieses Kapitel geschrieben hat, in seinen Anspielungen auf den Lieblingsjünger an Johannes den Zebedaiden gedacht habe. Kapitel 21,2 zählt nämlich die Jünger auf, die Zeugen des wunderbaren Fischzugs bei der Erscheinung des Auferstandenen am See Tiberias gewesen seien. *Außer* Petrus, Thomas, Nathanael und *den beiden Zebedäussöhnen* sind zwei anonyme „andere" (griech. ἄλλοι) Jünger anwesend. In V. 7 richtet der Lieblingsjünger das Wort an Petrus. Daß er einer der in V. 2 erwähnten Zebedäussöhne sei, ist gerade die unwahrscheinlichste Hypothese[17], denn wie hätte der Redaktor das Verschweigen des Namens, das er in V. 7 und sonst überall beobachtet, in V. 2 brechen können? Viel wahrscheinlicher ist der anonyme Lieblingsjünger von V. 7 einer der beiden ebenfalls anonymen Jünger, die in V. 2 als ἄλλοι bezeichnet werden. Es ist der Ausdruck, den das 4. Evangelium dort gebraucht, wo es vom Lieblingsjünger spricht[18]. So wie Nathanael, der in der Auf-

---

[15] Dieses a priori steht hinter der Argumentation *R. E. Browns* und *R. Schnackenburgs*.

[16] Sogar bei Markus scheint das Wort Jesu, das den Verräter bezeichnet, „es ist einer von den Zwölfen" (Mk 14,20) trotz Mk 14,17 vorauszusetzen, daß außer den Zwölfen andere anwesend waren.

[17] *R. Schnackenburg*, Komm., S. 83 drückt hier auch einen Zweifel aus.

[18] Siehe oben S. 77. Ist es zu gewagt, hier auch an die ἄλλοι von Kap. 4,38

zählung von Kapitel 21,2 erscheint, nicht zur Zwölfergruppe gehört, so müssen auch die beiden ἄλλοι außerhalb der Zwölfe gesucht werden, wobei der eine mit dem Lieblingsjünger identisch ist, der andere sehr wahrscheinlich zu der gleichen Gruppe gehört, die hinter unserem Evangelium steht. Da der V. 24 den Jünger mit dem Verfasser gleichsetzt, wären hier außerdem alle Argumente zu wiederholen, mit denen ich die Unvereinbarkeit des aus dem Inhalt des Evangeliums erschlossenen Bildes vom Verfasser mit dem, was wir von Johannes dem Zebedäussohn wissen, aufgezeigt habe[19].

Aber ist es möglich, für den *außerhalb des Zwölferkreises* zu suchenden Verfasser einen *Namen* zu nennen? Der Versuch ist gemacht worden. Vor allem sind zwei Namen vorgeschlagen worden, zunächst der des *Johannes Markus*[20]. Es ist zuzugeben, daß diese Hypothese eine Stütze in der Tatsache findet, daß nach Apg 12,12 Johannes Markus ein Haus in Jerusalem besaß, anderseits daß er als Vetter des Leviten Barnabas (Kol 4,10; Apg 4,36) mit der Priesterklasse verbunden war, was zu Joh 18,15 paßt[21]. Endlich ließe sich die traditionelle Behauptung der Verfasserschaft des Apostels Johannes durch eine Verwechslung zwischen diesem Johannes und Johannes Markus erklären. Es ist jedoch schwierig, diesen zu beachtenden Argumenten mehr als eine Möglichkeit zu entnehmen.

Das gleiche gilt für eine andere Hypothese, zu deren Gunsten man auch mehrere sehr erwägenswerte Argumente anführen kann: diejenige, die den Lieblingsjünger mit *Lazarus* identifiziert. Auch er ist ein judäischer Jünger, der nicht zur Zwölfergruppe gehörte. Besonders aber ist er der einzige, von dem es ebenfalls heißt, daß Jesus ihn liebte (Kapitel 11,3.5; 11,36). Anderseits erscheint der Lieblingsjünger erst nach der Erzählung der Auferweckung des Lazarus, und diese Geschichte nimmt eine zentrale Stellung innerhalb des Evangeliums ein. Das in der Urgemeinde über den Lieblingsjünger verbreitete Wort: „dieser Jünger stirbt nicht" (21,23)

zu erinnern, die wir mit den Hellenisten identifiziert haben (siehe oben S. 51 f.)? Sollte ἄλλος oder ἄλλοι nicht eine Bezeichnung sein, hinter der der Verfasser sich, bzw. solche, die ihm besonders nahe stehen, verbirgt?

[19] Siehe oben S. 72 f.: galiläische Bildung (Apg. 4,13), verschiedener jüdischer Kreis, Übername „Donnersöhne".

[20] *Johannes Weiß*, Das Urchristentum, 1917, S. 612 und *P. Parker*, John and John Mark, JBL 1960, S. 97 ff. Siehe auch *J. E. Bruns*, John Mark: A Riddle within the Johannine Enigma. Scripture, 1963, S. 88 f. — *L. Johnson*, Who was the beloved Disciple? Exp. T. 1966, S. 157 ff. (dazu die Beprechung von *J. R. Porter*, ib., S. 213).

[21] *P. Parker*, op. cit. beruft sich außerdem auf die Tatsache, daß die Identifizierung mit Johannes Markus auch den Einfluß der Evangelien des Lukas und des Markus auf das Johannesevangelium erklären würde, der allerdings fraglich ist (siehe oben S. 6).

würde sich besonders gut erklären, wenn es sich um Lazarus handelt. Diese schon ältere Hypothese ist zu verschiedenen Malen aufgenommen und variiert worden, vor allem von F. V. Filson und K. A. Eckhardt[22]. Letzterer identifiziert außerdem Lazarus mit dem Apostel Johannes: dieser hätte nach seiner Auferweckung den Namen Lazarus erhalten. Die Tatsache, daß in Kapitel 11 der gleiche Jünger bei seinem Namen genannt würde, während er sonst anonym bleibt, scheint mir eine ernste Schwierigkeit für diese Hypothese zu bieten. Immerhin ist sie nicht a priori abzulehnen[23].

Es ist jedoch wahrscheinlich überflüssig, dem großen Anonymen unbedingt einen Namen geben zu wollen und ihn mit einem der im Neuen Testament in der Jüngerzahl erwähnten Jünger zu identifizieren[24]. Nach allen vorstehenden Beobachtungen gehört er zu einer Sondergruppe, die wir mangels eines besseren Ausdrucks die „johanneische" genannt haben. Da diese ihren Platz eher am Rande des auf die Zwölfe zurückgehenden und durch die synoptische Tradition vertretenen Christentums hat, ist es nicht verwunderlich, daß die Namen der Glieder dieser Gruppe weniger bekannt waren. Wir kennen ja auch die Namen der meisten der hellenistischen Missionare aus Jerusalem nicht, von denen in der Apostelgeschichte die Rede ist[25].

Jedoch spricht gerade die Anonymität des Lieblingsjüngers für seine historische Existenz. Die apokryphen Evangelien pflegen ihre legendenhaften Berichte nicht zu einem anonymen, sondern eher zu bekannten Jüngern in Beziehung zu setzen.

Wir müssen uns also damit abfinden, daß wir *den Namen dieses Lieb-*

---

[22] Schon im Jahr 1900 hat *J. Kreyenbühl*, Das Evangelium der Wahrheit, auf S. 157 ff. eine Identität zwischen dem Lieblingsjünger, Lazarus, und dem (nach ihm unter Hadrian schreibenden) Verfasser hergestellt, wobei er allerdings gemäß seiner Gesamtkonzeption an mystische Gemeinschaft mit Christus denkt. — In neuerer Zeit und ganz unabhängig von *Kreyenbühls* übriger z. T. willkürlicher Konstruktion: *F. V. Filson*, Who was the beloved Disciple? JBL 1949, S. 83 ff. — *K. A. Eckhardt*, Der Tod des Johannes, 1961. — Siehe auch *J. N. Sanders*, Those whom Jesus loved, NTS 1954/55, S. 29 ff. Allerdings ist nach ihm der Schreiber des Evangeliums Johannes Markus. Er hätte die Erinnerungen des Lazarus festgehalten.

[23] Es ist interessant, daß *Rudolf Steiner*, der Begründer der Anthroposophie, freilich ohne sich auf historische Erwägungen zu stützen, das Johannesevangelium ebenfalls dem Lazarus zuschreibt.

[24] Auf der wohl unnötigen Suche nach einem Namen ist sogar Matthias, der Ersatzapostel von Apg. 1,23 ff. genannt werden (siehe *E. L. Titius*, The Identity of the Beloved Disciple, JBL 1950, S. 323 ff.), der schon im Altertum allerhand Informationslücken ausfüllen mußte.

[25] *J. Roloff*, Der johanneische Lieblingsjünger und der Lehrer der Gerechtigkeit (siehe oben S. 34 Anm. 16) konfrontiert den „Lieblingsjünger" mit dem „Lehrer der Gerechtigkeit" von Qumran.

lingsjüngers Jesu nicht kennen. Was jedoch das Evangelium über ihn aus-
sagt, erlaubt uns, ein ziemlich konkretes Bild von ihm zu entwerfen. Wir
fassen hier seine Hauptzüge noch einmal zusammen: da er nur in den
Szenen erscheint, die in Judäa spielen, und zwar am Anfang und am
Ende des Evangeliums, müssen wir annehmen, daß er aus diesem Lande
stammt und daß Jesus in Judäa mit ihm zusammengetroffen ist. Er ist ein
ehemaliger Jünger Johannes des Täufers. In Judäa hat er sich Jesus angeschlossen, als *dieser selbst sich noch in der Umgebung des Täufers befand.*
Während des letzten Aufenthalts Jesu in Jerusalem teilt er das Leben mit
seinem Meister. Er ist mit dem Hohenpriester bekannt. Mit Jesus ist er in
anderer Weise verbunden als Petrus, der Repräsentant der Zwölfe. Ohne
sich von diesem direkt zu distanzieren, scheint er die Treue zu Jesus auf
eine andere Weise zu verwirklichen: weniger durch Aktivität als durch
Vertiefung des Glaubens. Dieser besondere Aspekt seiner Persönlichkeit
tritt auch nach dem Tode Jesu zutage. Ohne sich Petrus entgegenzustellen,
geht er seinen eigenen Weg. Die Tatsache, daß der Endredaktor sein Werk
veröffentlicht bzw. vollendet und eine Erklärung über ihn abgibt, indem
er in der ersten Person Pluralis („wir wissen") spricht, scheint zu beweisen,
daß der Jünger eine ganze Gruppe von Anhängern um sich scharte.

d) Identität des Jüngers mit dem Verfasser?

Und nun fragen wir: stimmt dieses Bild des Lieblingsjüngers mit demjenigen zusammen, das wir *unabhängig von den Lieblingsjüngerstellen* am
Anfang dieses Kapitels[26] vom Verfasser des Evangeliums lediglich aufgrund des *Inhalts* entworfen haben? M. a. W.: findet die Behauptung des
Redaktors Kap. 21,24: „das ist der Jünger, der diese Dinge aufgeschrieben hat" ihre Bestätigung vom Inhalt des ganzen Evangeliums her? Als
wir die gleiche Frage für die auf Johannes den Zebedaiden bezügliche
Tradition stellten, waren wir aufgrund des Vergleichs zwischen dem, was
wir über den Apostel Johannes wissen, mit dem, was das ganze Evangelium uns über seinen Verfasser lehrt, gezwungen, sie negativ zu beantworten. Dagegen stimmen alle festgestellten Unterscheidungsmerkmale des
Lieblingsjüngers mit denen jenes nur dem Inhalt des Evangeliums entnom-
menen Bildes überein. Wir haben dies zum Teil schon in anderem Zusammenhang[27] nachgewiesen, als es sich um die Frage der Zugehörigkeit der
Lieblingsjüngerstellen zum ursprünglichen Evangelium handelte. Wir brau-
chen daher nicht mehr alle Punkte zu wiederholen und beschränken uns
auf diejenigen, die zeigen, wie die Lieblingsjüngerstellen jenes indirekt
gewonnene Bild des Verfassers harmonisch *ergänzen.*

Wenn es sich bei dem Anonymen um einen ehemaligen Jünger des Johannes des Täufers handelt, was Kapitel 1,35 ff. ausdrücklich behauptet,

---

[26] Siehe oben S. 69 ff.
[27] Siehe oben S. 76 f.

so können wir daraus ersehen, auf welchem Wege man sich die Verankerung des Verfassers in jenem Randjudentum vorstellen kann; anderseits
aber versteht man von da aus auch die erwähnte Polemik gegen die Sekte,
die sich auf Johannes den Täufer beruft, besonders gut. — Weiterhin
wird die Beziehung zu Personen aus einem sozialen Stand, der von dem
der meisten in den Synoptikern genannten verschieden ist, besonders erhellt durch die in Kapitel 18,15 vorausgesetzte Bekanntschaft des Lieblingsjüngers mit dem Hohenpriester. Das große Interesse des Evangeliums
für die Frage des Tempels, für die jüdischen Feste und rituellen Bräuche
könnte auch damit zusammenhängen. — Nicht zu vergessen, daß gerade
die Erzählungen, in denen der anonyme Jünger auftritt, etwa die von
dem ersten Zusammensein mit Jesus in Judäa in der Umgebung des Täufers und dann besonders die Leidensgeschichte, diejenigen sind, in denen
ein guter historischer Kern vorgefunden werden kann. — Endlich legt die
Notiz des Redaktors in Kapitel 21,23 ff. über den Jünger, von dem man
sagte, „er werde nicht sterben", die Annahme nahe, daß er ein sehr hohes
Alter erreicht und alle Augenzeugen überlebt hat[28]. Dies paßt sehr gut zu
der Distanzbetrachtung des Lebens Jesu, zu der besonderen Perspektive,
von der wir gesprochen haben und in die nur ein Mann, der lange gelebt
hat, die Ereignisse stellen konnte[29].

Dies alles ist zugunsten der Richtigkeit der Notiz des Redaktors über
die Verfasserschaft des Lieblingsjüngers anzuführen. Nun drängt sich aber
bei der Identifizierung des Verfassers mit dem Jünger ein Problem besonderer Art auf: *kann der Evangelist ein Augenzeuge sein?* Verschiedene
Schwierigkeiten tauchen hier auf: das oben erwähnte Vorhandensein im
Evangelium — neben sehr guten, historisch wertvollen Traditionen bzw.
Erinnerungen — offenkundig späterer Elemente, die ein schon fortgeschrittenes, sekundäres Entwicklungsstadium der Tradition anzeigen, das
mit Augenzeugenschaft ·schwer vereinbar scheint; die große Verschiedenheit der hochtheologischen johanneischen Lehre Jesu und der mehr
„schlichten" Reich-Gottes-Predigt in den Synoptikern; dann die psychologische Schwierigkeit: kann ein Augenzeuge, der zu bestimmter Zeit das
Leben mit Jesus geteilt hat, vom erhöhten mit Gott vereinten Christus
so sprechen, wie der Verfasser dies tut, und — wenn dieser selbst dem
Evangelium den Prolog vorausgeschickt hat — vom Logoschristus, der an
der Schöpfung teilgehabt hat?

Wir haben oben bereits bemerkt,. daß die erstgenannte Schwierigkeit
mit dem Hinweis auf die Arbeit des Redaktors gelöst werden kann: ihm

---

[28] Siehe oben S. 61.

[29] *G. Hoffmann*, Das Johannesevangelium als Alterswerk, 1933. Er meint
allerdings den Stil als „Altersstil" charakterisieren zu sollen, was wohl problematisch sein dürfte. (Siehe auch die Kritik *R. Schnackenburgs*, Komm. I, S. 96.)

könnte der Einschub späterer und im Vergleich mit den Synoptikern weniger zuverlässiger Elemente zugeschrieben werden. Jedoch können nicht *alle* späteren Züge auf diese Weise erklärt werden. Es gibt eine große Anzahl von Erzählungen, solcher, die in Galiläa, wie solcher, die in Judäa spielen, die vom Evangelisten stammen müssen und nicht vom Redaktor herrühren können und deren Historizität doch weniger gut garantiert scheint als die anderer. Hier ist zu bedenken, daß die Behaúptung, der Verfasser sei ein Augenzeuge, nicht bedeuten kann, er sei Augenzeuge für *alle* von ihm berichteten Erzählungen; für die Begebenheiten, für die er keine eigenen Erinnerungen besaß, benützte er vielleicht sogar Quellen, die ihm in seinem Kreise zugänglich waren, aber teilweise schon eine längere Entwicklung hinter sich hatten[30]. Man hat eingewendet, ein Augenzeuge nehme seine Zuflucht nicht zu Quellen. Dies ist aber ein unzulässiges a priori. Der Lieblingsjünger ist um so weniger Augenzeuge der *ganzen* öffentlichen Wirksamkeit Jesu, als er aus Judäa stammt und einer Gruppe angehört, die nicht die der Zwölfe ist. Sicher sind *diese* Jünger Jesus nicht überallhin nachgefolgt. Wenn wir die Biographie eines verstorbenen Freundes schreiben, mit dem wir während einer bestimmten Periode seines Lebens zusammengearbeitet haben, suchen wir ebenfalls, Nachrichten von anderen über andere Lebensabschnitte des Verstorbenen zu erhalten.

Ich nehme sogar an, daß der Verfasser des Johannes-Evangeliums nur für eine beschränkte Zahl der berichteten Ereignisse als Augenzeuge in Betracht kommt. Für die anderen hat er Traditionen benützt. Wenn wir heute vom historischen Standpunkt mehreren von diesen einen geringeren Wert zuerkennen müssen, so besagt dies nicht, daß der Verfasser sie so beurteilte. Ich erinnere hier an das oben über die Absicht des Evangelisten und die Beziehung zwischen Theologie und Geschichte in seinem Denken Gesagte[31]. Ich sehe also hier kein Hindernis, den Jünger mit dem Verfasser zu identifizieren.

Der erwähnte Abstand der tiefgründigen johanneischen Theologie von der schlichten Reich-Gottes-Predigt Jesu in den Synoptikern wird mit besonderem Nachdruck gegen die Möglichkeit der Augenzeugenschaft des Verfassers ins Feld geführt. Dieses Argument beruht auf zwei Voraussetzungen: erstens, daß als Augenzeuge nur ein „ungelehrter galiläischer Fischer" in Betracht komme; zweitens, daß die Verkündigung Jesu nur in der aus den Synoptikern bekannten Form denkbar sei.

Was das erste betrifft, so sollte die ganze vorliegende Arbeit den Erweis erbracht haben, daß der Verfasser sowie seine nähere Umgebung aus einem schon zur Zeit Jesu bestehenden heterodoxen Judentum hervorgingen, in dem neben apokalyptischen Lehren hellenistisch-synkretistische Gedanken

---

[30] Siehe oben S. 5 ff., 24.
[31] Siehe oben S. 12 ff., 20 ff.

Eingang gefunden hatten. Warum sich Vertreter dieses Judentums nicht Jesus angeschlossen haben sollten, ist nicht einzusehen. Es wäre sogar erstaunlich, wenn *gerade* solche Juden sich nicht zu ihm hingezogen gefühlt haben sollten.

Auf die zweite Frage, ob wir Jesus neben der ihm geläufigen synoptischen nicht eine andersgeartete Verkündigung zutrauen dürfen, werde ich im nächsten Kapitel zu sprechen kommen. Aber schon hier möchte ich im Zusammenhang mit der Erwägung der Schwierigkeiten, die sich aus der Annahme der Augenzeugenschaft ergeben, auf einige Punkte hinweisen. Ist es ausgeschlossen, daß Jesus selbst, ohne jenem heterodoxen Judentum angehört zu haben, Beziehungen zu ihm hatte? Weist die häufige Verwendung der Menschensohnbezeichnung nicht in diese Richtung?[32] Weiter stelle ich die Frage, ob Jesus nicht gelegentlich auch anders als gewöhnlich reden konnte, indem ich an das hier mehrfach erwähnte Wort aus der „Redequelle" Mt 11,27, Lk 10,22 erinnere: „. . . niemand kennt den Sohn als der Vater, und niemand kennt den Vater als der Sohn . . .", das wie ein „johanneischer" Fremdkörper innerhalb der synoptischen Predigt empfunden wird und doch ein Bestandteil der alten Q-Quelle ist. Die Echtheit des Wortes wird oft bestritten, aber nicht mit zwingenden Gründen, und ich verweise hier auf einen Ausspruch Albert Schweitzers in seiner Geschichte der Leben-Jesu-Forschung[33]: „der gewaltige Hymnus Mt 11,25 bis 27 gibt doch zu denken; der V. 27 kann aus dem Bewußtsein der Präexistenz heraus gesprochen sein". Wenn wir in den Synoptikern nicht alle Worte über Jesu Selbstbewußtsein als „Gemeindebildungen" eliminieren, finden wir dort noch andere Spuren einer Verkündigung, die nicht in ein allzu vereinfachtes Schema „schlichter" Predigt passen.

Von Geheimlehren, wie es sie in den heterodoxen Sekten gab, worauf die strengen Vorschriften von Qumran hinweisen[34], wollte Jesus freilich nichts wissen. Er scheint solche Praxis bewußt abgelehnt zu haben: die Jünger sollen „auf den Dächern verkünden", was er ihnen „ins Ohr" gesagt hat (Mt 10,27b, cf. Mk 4,22, Lk 8,17, auch Joh 18,20). In dem sog. „Jubelruf" dankt Jesus dem Vater dafür, daß er die Offenbarung den Weisen, mit denen wohl die Schriftgelehrten gemeint sind, verborgen und den „Unmündigen" enthüllt hat. Die Isoliertheit des Wortes Mt 11,27, Lk 10,22 in den Synoptikern scheint zu beweisen, daß diese Art der Verkündigung nur gelegentlich an alle Jünger erging. Im Johannes-Evangelium steht sie im Vordergrund, während sie in den Synoptikern nur sporadisch auftaucht. Könnte es sich nicht um eine zwar keineswegs geheime oder der Mehrzahl der Jünger systematisch vorenthaltene, aber doch intimere Lehre Jesu handeln, die nicht alle Jünger gekannt (und auch wohl

---

[32] Siehe dazu unten S. 92.

[33] *Albert Schweitzer*, Geschichte der Leben-Jesu-Forschung, 1913², S. 310.

[34] Auch die in den Pseudoklementinen erwähnten.

kaum verstanden[35]) hätten und die der Verfasser des Johannesevangeliums auf die *freie* Weise, die wir kennen, aber doch in Anlehnung an jene Lehre, weiterführte? Es sind zunächst nur Fragen, die ich hier aufwerfe, aber ich stelle sie zur Diskussion.

Auf jeden Fall scheinen sie mir zu zeigen, daß die psychologische Schwierigkeit nicht unüberwindlich ist, einem Augenzeugen zuzutrauen, von der Einheit Jesu mit Gott und seiner Präexistenz zu sprechen und sich zu erlauben, an Stelle Jesu weiterzureden. Wir müssen auch das ungewöhnliche Band in Betracht ziehen, das gewisse Aussagen Jesu über sein besonderes Sohnesbewußtsein zwischen ihm und den Jüngern schuf und das keinen Vergleich mit sonstigen Rabbi-Schüler-Beziehungen zuläßt.

Eine andere Schwierigkeit scheint sich zu ergeben, wenn wir fragen, ob ein Augenzeuge, der in der Intimität Jesu lebte, auf die charakteristische johanneische Art das Leben Jesu in das Leben der Gemeinde hinein verlängern und in der johanneischen *Perspektive* den Inkarnierten und den Erhöhten zusammensehen konnte. Ist ein Augenzeuge zu solcher Distanzbetrachtung fähig? Wir könnten daran erinnern, daß der Verfasser das Evangelium erst am Ende seines Lebens geschrieben hat. Aber diese Erklärung genügt nicht. Ich wiederhole hier vielmehr eine schon früher gemachte Bemerkung, die mir geeignet scheint, die Schwierigkeit zu beheben. Da die Gruppe, zu der der Verfasser gehört, gezwungen war, *die Legitimität ihrer Sondertradition über die Ereignisse und ihrer im heterodoxen Judentum verwurzelten Theologie zu verteidigen,* so muß es für sie geradezu eine Notwendigkeit gewesen sein, zu zeigen, daß ihre Gemeinschaft auch *von Jesus gewollt war,* und daß eine Kontinuität zwischen dem inkarnierten Jesus und dieser Gruppe besteht, daß eine Linie von jener zu dieser führt. Im Lichte jener *historischen Notwendigkeit* wird die besondere Perspektive der johanneischen Leben-Jesu-Darstellung *gerade bei einem Augenzeugen,* der zu dieser Gruppe gehört, erst recht verständlich.

Sobald man auf die Identifizierung des Augenzeugen mit Johannes dem Zebedaiden verzichtet und ihn in eine aus dem Randjudentum kommende Gruppe einreiht, fallen die meisten Schwierigkeiten dahin oder werden jedenfalls stark vermindert. Von der Zugehörigkeit des Jüngers zu den Zwölfen sollte nicht länger ausgegangen werden, weder um die Verfasserschaft durch einen Augenzeugen zu bestreiten, noch um sie zu behaupten. Denn das Selbstzeugnis des Evangeliums spricht deutlich dagegen. Die drei großen neueren Johannesforscher, F. M. Braun, R. E. Brown und R. Schnackenburg haben sich über diese Tatsache offenbar Rechenschaft abgelegt, und aus diesem Grunde behauptet keiner von ihnen, der von

---

[35] Mt 11,25; Lk 10,21, wo die Schriftgelehrten anvisiert sind, spricht nicht dagegen. — Auch an der vorhin erwähnten Stelle Mt 10,27b ist den Jüngern die von ihnen auf den Dächern zu verkündende Lehre „ins Ohr gesagt".

ihnen mit Johannes dem Sohn des Zebedäus identifizierte Lieblingsjünger habe das Evangelium geschrieben. Da sie aber auf irgendeine Weise die auf Irenäus zurückgehende Tradition von der Verfasserschaft des Zebedaiden aufrechterhalten wollen, müssen sie dem Augenzeugen, der nach ihnen der Apostel Johannes sein muß, die eher bescheidene und auf jeden Fall sehr vage Rolle einer Autorität zuschreiben, die hinter dem eigentlichen Evangelisten stünde[36].

Wir haben gesehen, daß die Irenäustradition auch in dieser sehr abgeschwächten Form kaum aufrechtzuerhalten ist[37]. Denn man kann nicht annehmen, der eigentliche Verfasser und seine ganze Gruppe hätten als Gewährsmann für ihre Leben-Jesu-Darstellung ausgerechnet einen Jünger gewählt, von dem alles, was wir über ihn wissen, so schlecht zu ihrer eigenen Auffassung paßt.

Wir haben jedoch noch eine letzte Frage zu stellen. Müssen wir a priori auch die *andere* Möglichkeit ausschließen, daß der *anonyme, nicht* mit dem Zebedaiden identische Jünger, so wie wir ihn charakterisiert haben, nur als Autorität in Betracht komme, auf die sich der wahre Verfasser und sein Kreis berufen hätten? M. a. W.: kann die These eines Gewährsmannes, die wir für Johannes den Zebedaiden zurückgewiesen haben, für den anonymen und nicht zu den Zwölfen gehörenden (Lieblings-)Jünger vertreten werden? Da in diesem Falle die Charakteristik des Gewährsmannes mit derjenigen des Evangelisten übereinstimmen würde, könnte von hier aus wenigstens die Frage im Prinzip bejaht werden, zumal wir wissen, daß ein solcher Usus, ein Buch unter das Patronat einer prophetischen Persönlichkeit im Alten Testament, einer apostolischen im Neuen Testament zu stellen, nicht ausgeschlossen war.

Man könnte als Beleg unter den kanonischen Evangelien das Markus-Evangelium zitieren, wenn das Papias-Zitat stimmt, nach dem es auf dem Zeugnis des Apostels Petrus beruhe. Jedoch wäre im Falle des Markus-Evangeliums die Abfassung dem Gewährsmanne Petrus gerade nicht zugeschrieben worden, sondern dem des Mannes (Markus), der das Buch geschrieben hat. Eher könnte als Analogie auf das Beispiel des Matthäus-Evangeliums hingewiesen werden, wenn die Hypothese richtig ist, nach der dieses von einem Verfasser geschrieben worden wäre, der sich auf das Zeugnis des Apostels Matthäus gestützt und daher dessen Namen seinem Werk gegeben habe. Es würde sich dann im Johannes-Evangelium (wie im Matthäus-Evangelium) nicht wie in den apokryphen Evangelien um eine fiktive, sondern um eine wirkliche historische Beziehung zwischen dem Verfasser und dem Gewährsmann handeln.

Dagegen wäre der Fall des Johannes-Evangeliums doch auch von dem des Matthäus-Evangeliums insofern verschieden, als hier der Gewährs-

---

[36] Siehe oben S. 68 und hier weiter unten, sowie folgende Seite.
[37] Siehe oben S. 73.

mann nicht ein bekannter, sondern ein *anonymer* Jünger wäre. Die Anonymität des Lieblingsjüngers wäre dann, wenn nicht unmöglich, so doch schwerer zu erklären. Beruft sich ein Verfasser auf einen Gewährsmann, so ist es jedenfalls natürlicher, daß er dessen Namen nennt, als daß er ihn verschweigt. Ferner aber ist zu fragen, ob der Redaktor, der im V. 24 des 21. Kapitels die Identität des Lieblingsjüngers mit dem Verfasser ausspricht, nicht doch etwas weit ginge, — trotz allem, was wir über die antike Pseudepigraphie wissen — wenn er unmittelbar nach *sehr konkreten* Aussagen über den Jünger behauptet, dieser Jünger habe diese Dinge „aufgeschrieben" (γράψας), wenn er wüßte, daß in Wirklichkeit ein anderer sie aufgeschrieben hat?

Ich verzichte daher auf die Unterscheidung zwischen Verfasser und Gewährsmann, zumal auf jeden Fall die Rolle dieses Gewährsmannes neben der so profilierten literarischen und theologischen Persönlichkeit des Verfassers ganz unbestimmt bliebe.

Wenn der Lieblingsjünger, der, wie ich nachgewiesen zu haben glaube, nicht Johannes der Zebedaide ist und nicht zu den Zwölfen gehört, für gewisse Ereignisse Augenzeuge ist, für andere aber sich auf Traditionen stützt, und wenn sein Werk von einem zur Gruppe gehörenden Redaktorenkreis revidiert worden ist, besteht keinerlei Notwendigkeit, die ohnehin komplexe Frage durch die (obgleich nicht gänzlich ausgeschlossene) Einführung eines vom Verfasser verschiedenen Gewährsmannes noch mehr zu komplizieren.

Die Annahme, daß der Verfasser mit dem Lieblingsjünger identisch, also ein Jünger Jesu ist, aber aus Judäa stammt und einer Sondergruppe von Jüngern angehört, die von einem anderen Judentum herkommt als die Zwölfe, hat Konsequenzen für die Möglichkeit, den „johanneischen Kreis" bis in die Zeit Jesu hinaufzuverfolgen und die Frage nach seiner Beziehung zu Jesus selber aufzuwerfen, die sich uns zu verschiedenen Malen im Verlauf unserer Untersuchung aufgedrängt hat. Wir wollen versuchen, sie zusammenfassend kurz darzustellen. Dies wird Gegenstand des nächsten Kapitels sein.

IX. Kapitel

JOHANNEISCHER KREIS UND HISTORISCHER JESUS

Eine wirklich lückenlose Geschichte der urchristlichen Gruppe, die wir den „johanneischen Kreis" genannt haben, zu skizzieren, ist nicht möglich. Dazu fehlen uns direkte Quellen. Nur aufgrund von Rückschlüssen konnten wir zu den bisherigen Ergebnissen gelangen. Immerhin erlauben uns diese, den Versuch zu wagen, mögliche Etappen eines Weges von der schon entwickelten Gemeinde, wie sie im Johannes-Evangelium und den Johannesbriefen am deutlichsten faßbar ist, nach *rückwärts* bis zu ihrem Ursprung aufzuweisen.

In ihrer ausgebildeten Form mag man den „johanneischen Kreis" eine Kirche nennen. Wir haben gesehen[1], daß verschiedene Bezeichnungen verwendet worden sind: ecclesiola, Kirche, Sekte. Die zuletzt genannte ist auf jeden Fall etwas irreführend, da sie dem Bestreben der Gruppe widerspricht, bei aller Betonung und Verteidigung ihres Sondercharakters die Verbindung mit den übrigen Christen festzuhalten.

Sicher besitzt die Gruppe eine Gemeindestruktur im Augenblick, wo das Johannes-Evangelium und die Johannesbriefe verfaßt worden sind. Darauf weist die Rolle von Taufe und Abendmahl, die hier gewiß viel ausgeprägter ist als im übrigen Urchristentum. Der gottesdienstliche *Grundgedanke*, daß die Gegenwart Gottes, die „Herrlichkeit", vom Tempel gelöst und überhaupt nicht lokal gebunden ist, hat in dieser Gemeinde zu einer stärkeren Fixierung der neuen Gottesdienstformen geführt, in denen Christus als der Gekreuzigte und Auferstandene erlebt wird: Taufe und Abendmahl[2]. Anders als im übrigen Christentum haben diese Formen hier nicht erst im Zusammenhang mit der geographischen Entfernung vom Jerusalemer Tempel und mit seiner Zerstörung ihre ganze Bedeutung gewonnen, sondern sie sind von Anfang an sozusagen organisch aus der ganzen Theologie des johanneischen Kreises herausgewachsen[3].

[1] Siehe oben S. 15, 42 Anm. 1.
[2] *O. Cullmann*, Urchristentum und Gottesdienst, 1944, 1962[4].
[3] Schon in dem heterodoxen Judentum hat dessen allerdings sehr verschiedene Opposition gegen den bestehenden Tempel zu Jerusalem dazu geführt, daß Waschungen und gemeinsame Mahlzeiten rituelle Bedeutung gewannen, siehe oben S. 47, ib. Anm. 16.

Ausgesprochenes Missionsinteresse, aber auch Polemik gegen Irrlehren, besonders aber die ständige Bemühung, die Legitimität der Gruppe zu beweisen, dies alles berechtigt uns ebenfalls dazu, von einer johanneischen „Gemeinde" oder „Kirche" zu sprechen. Wenn wir nun versuchen, von dieser schon mehr oder weniger fest strukturierten Gemeinde den Weg zurück zu den Anfängen zu verfolgen, so bezeichnen die „Hellenisten" Jerusalems, die zwar Glieder der Urgemeinde sind, aber schon ihre eigene Organisation besitzen und eine eigene gottesdienstliche Theologie vertreten, die jede lokale Fixierung der göttlichen Gegenwart ablehnt, die erste Etappe. Die weitere Rückverbindung von ihnen zu einer besonderen von den Zwölfen verschiedenen Jüngergruppe, die schon zu Jesu Lebzeiten existiert hätte, können wir zunächst nur vermuten, obwohl sie durch die Tatsache nahegelegt ist, daß diese Hellenisten von Anfang an zur Jerusalemer Urgemeinde gehört zu haben scheinen. Ferner erlaubt uns die Verwandtschaft des johanneischen Kreises mit dem heterodoxen Randjudentum, seinen Ursprung weiter bis in dieses heterodoxe Judentum zurückzuverfolgen. Zwischen diesem und der vermuteten Jüngergruppe ist eines der historischen Bindeglieder — das wohl nicht das einzige ist — erkennbar: die Bewegung Johannes des Täufers, zu der der johanneische Kreis, wie das Johannes-Evangelium beweist, in besonderer Beziehung steht.

So gelangen wir zur folgenden nach rückwärts gezogenen Linie: johanneische Gemeinde — hellenistische Sondergruppe der Jerusalemer Urgemeinde — johanneischer Jüngerkreis — Täuferjünger — heterodoxes Randjudentum. Zwischen dem johanneischen Jüngerkreis und den Täuferjüngern fehlt jedoch ein Glied, und zwar nicht irgendeines, sondern ein grundlegendes: *Jesus*. Ich habe in dieser Arbeit schon früher darauf hingewiesen[4], daß in der johanneischen Forschung heute oft die Tendenz besteht, den johanneischen Kreis einfach nur als Bestandteil des Synkretismus unter völliger Absehung vom historischen Jesus zu werten.

Diese Beurteilung ist freilich teilweise durch die grundsätzliche Ausschaltung des Johannes-Evangeliums als Quelle zur Kenntnis des historischen Jesus bedingt. Wir haben zwar gesehen, daß die johanneische Zusammenschau von Leben Jesu und Gemeinde viel stärker als die form-, traditions- oder redaktionsgeschichtliche Ausrichtung der Synoptiker die Darstellung der Ereignisse und der Verkündigung Jesu im Johannes-Evangelium beeinflußt hat und daß daher die Benützung des Johannes-Evangeliums als Geschichtsquelle schwierig ist. Aber zugleich haben wir festgestellt, daß seine völlige Eliminierung keinesfalls berechtigt ist, da eine unvoreingenommene Exegese uns an mehreren Stellen zwingt, der johanneischen Darstellung vor der synoptischen den Vorzug zu geben.

Da jedoch das Johannes-Evangelium unsere Hauptquelle zur Kenntnis des johanneischen Kreises ist und wir in diesem Kapitel die Frage nach

---

[4] Siehe oben S. 41.

der Beziehung dieses Kreises zum historischen Jesus feststellen wollen, heißt dies, daß wir uns gleichzeitig mit der Beziehung des Johannes-Evangeliums zum historischen Jesus befassen[5]. Um uns nicht einer petitio principii schuldig zu machen, werden wir die Synoptiker als Hauptquelle für die Kenntnis des „historischen Jesus" in erster Linie zur Beantwortung der Frage berücksichtigen, ohne aber die Angaben des Johannes-Evangeliums in klar zu Tage liegenden Ausnahmefällen auszuschließen.

Die Frage selbst zu stellen und nicht als im voraus negativ beantwortet anzusehen, scheint mir notwendig. Das lange Kapitel über den Verfasser des Johannes-Evangeliums legt sie uns nahe. Implizit haben unsere Ausführungen ein kontinuierliches Band zwischen dem johanneischen Kreis und Jesus, das über den Lieblingsjünger geht, hergestellt. Dabei bleibt das Ergebnis das gleiche auch dann, wenn dieser Jünger wirklich nur ein Gewährsmann sein sollte. Anderseits ist daran zu erinnern, daß es gerade die Absicht des ganzen Evangeliums ist, vom Leben des inkarnierten Jesus aus die Linie zur Kirche überhaupt, zur johanneischen Gemeinde im besonderen zu ziehen.

Sollte dies alles nur Fiktion sein? Nachdem wir diese Frage vom Verfasserproblem aus gestellt haben, werfen wir sie jetzt nochmals von unserem Versuch aus auf, Ursprung und Entwicklung des johanneischen Kreises zu skizzieren. Dürfen wir auf der oben angegebenen Entwicklungslinie Jesus einfach überspringen? Ich versuche im folgenden, indem ich schon Angedeutetes zusammenfasse, nacheinander das Problem von zwei Seiten her zu beleuchten: Jesus und das heterodoxe Judentum; Jesus und der johanneische Kreis und dessen Vorstufen.

Selbstverständlich kann es sich nicht darum handeln, daß wir hier einen konkreten historischen Zusammenhang zwischen jenem Randjudentum und Jesus aufzeigen, da ja die Synoptiker auf Traditionen zurückgehen, deren Gewährsmänner Jünger sind, die mit jenem Judentum gerade nicht direkt in Berührung waren. Wir werden daher in erster Linie nach einer inneren Verwandtschaft Jesu mit diesem Judentum und mit den charakteristischen Aspekten des johanneischen Kreises fragen. Wenn eine solche besteht, wird es auch berechtigt sein, Möglichkeiten direkter Verbindungen wenigstens ins Auge zu fassen.

1. Jesus und das heterodoxe Judentum

Schon immer hat man angenommen, daß gewisse apokalyptische Anschauungen, wenn nicht in einer direkt heterodoxen, so doch in einem mehr

---

[5] Zu dieser Frage siehe auch meinen demnächst unter dem Titel „Von Jesus zur Stephanusgruppe und zum Johannesevangelium" erscheinenden Beitrag zur Festschrift für W. G. Kümmel.

oder weniger esoterischen Judentum gepflegt wurden. Hierher gehören vor allem die trotz ihrer mehrfachen Bezeugung etwas mysteriösen spätjüdischen Menschensohn-Spekulationen. Durch die sowohl in den Synoptikern als im Johannes-Evangelium besonders häufige Verwendung des Wortes „Menschensohn" werden wir ständig auf sie gewiesen. Im Gefolge Bultmanns ist zwar bestritten worden, daß Jesus den Titel Menschensohn als Selbstbezeichnung verwendet habe — er habe von einem kommenden Menschensohn gesprochen, der ein anderer als er selbst wäre —, aber erwiesen ist dies nicht[6], und auf jeden Fall hat Jesus, wie auch immer er vom Menschensohn sprach, an jene Vorstellungen angeknüpft, die nicht zum jüdischen Allgemeingut gehören. Man hat sogar an eine Geheimlehre gedacht[7].

Wenn wir von jüdischen Randgemeinschaften oder Sekten sprechen, so denken wir heute zunächst an Qumran. Gegenüber übertriebenen Behauptungen, die unmittelbar nach der Entdeckung der Qumranschriften journalistisch als Sensation verkündet wurden: das ganze Christentum sei schon in der Sekte von Qumran vorweggenommen und habe überhaupt nichts grundlegend Neues gebracht, ist mit Recht sofort eine Reaktion der Gelehrten erfolgt, die zwar den Einfluß Qumrans auf das entstehende Christentum durchaus anerkannten, aber gerade die Verkündigung Jesu in Gegensatz zu den Lehren und Weisungen der Sekte stellten. In der Tat steht die Freiheit Jesu gegenüber dem Gesetz in direktem Widerspruch zu der überspitzten Gesetzlichkeit der Qumranleute. Jedoch ist man vielleicht im Interesse dieser Richtigstellung in der Distanzierung Jesu von Qumran zu weit gegangen. Nicht nur auf gewisse Aspekte der johanneischen, sondern auch der synoptischen Lehre Jesu fällt ein gewisses Licht von dort her. Auch die Einstellung Jesu zum Tempel, von der wir nachher sprechen werden, findet, obwohl ganz anders orientiert[8], einen Anknüpfungspunkt in Qumran. Sollte Jesus den Qumrankalender befolgt haben[9], so bestünde

---

[6] *O. Cullmann*, Die Christologie des NT, 1956, 1966[4], S. 138 ff. Die gegenteilige Meinung vertritt im Gefolge R. Bultmanns z. B. *H. E. Tödt*, Der Menschensohn in der synoptischen Überlieferung, 1959.

[7] Siehe *R. Otto*. Reich Gottes und Menschensohn, 1934. Auch *E. Sjöberg*, Der Menschensohn im äthiopischen Henochbuch, 1946, S. 115. Zur Frage des Menschensohns im Johannesevangelium siehe auch die oben S. 48 Anm. 19 zitierten Arbeiten. — *Th. Preiss*, Le fils de l'homme, 1951 zeigt, daß auch der *fürbittende* Menschensohn (siehe oben S. 48 zur Beziehung Menschensohn und Paraklet, fürbittender Moses) auf Jesus zurückgeht. Er verweist auf Mt 25,31 ff.; Mk 8,38.

[8] Nicht nur Opposition gegen den *gegenwärtigen* Tempel wie in der Qumransekte, die für die Zeit nach ihrem Sieg die Erbauung eines Tempels vorsieht, bis dereinst Gott selbst seinen Tempel bauen wird. Siehe die zuletzt entdeckte Tempelrolle, über die *Y. Yadin*, The Temple Scroll in: Bibl. Archaeologist 1967, S. 135 ff. vorläufig berichtet und deren Herausgabe er vorbereitet.

[9] *A. Jaubert*, La date de la Cène. Calendrier biblique et Liturgie chrétienne,

hier eine äußere Gemeinsamkeit. Die rituellen Waschungen der Qumransekte sind gewiß von der einmaligen Taufe Johannes des Täufers zu unterscheiden. Aber doch gehört auch die Tätigkeit des Johannes des Täufers
in den Rahmen der spätjüdischen Taufbewegung.

Was nun die Beziehung Jesu zu den *Jüngern des Täufers* betrifft, so
sind wir nicht auf Hypothesen angewiesen. Die gesamte urchristliche Tradition, die johanneische wie die synoptische, ist darin einstimmig, daß sie
Jesu Auftreten in direkter Weise an dasjenige des Täufers anschließt. Was
das Johannes-Evangelium (Kap. 1,35 ff.) explizit sagt, daß Jesus sich zunächst in der Umgebung des Täufers im Kreise der Täuferjünger, und
wohl zu ihnen gehörend, aufhielt, und daß er unter ihnen eigene Jünger
fand, das könnten wir eigentlich auch aus den Synoptikern indirekt er-
schließen[10]. Hier liegt jedenfalls eine der Verbindungslinien von Jesus zu
jenem Randjudentum, aber im besonderen auch zum johanneischen
Kreise vor.

Wir haben gesehen, daß deutliche Beziehungen zwischen dem johanneischen Kreis und *Samarien* bestehen. Können wir auch diese auf Jesus zu-
rückführen? Von Mt 10,5 aus sind wir versucht, sie rein negativ zu beurteilen: „gehet nicht in Städte der Samariter“. Da das Logion mit dem
Universalismus Jesu schwer vereinbar scheint, ist seine Echtheit bezweifelt
oder bestritten worden[11]. Aber auch wenn es, wie ich meine, echt ist, so ist
nicht nur der 4. Evangelist offensichtlich bestrebt, jeden falschen Schluß,
der aus einer derartigen Weisung gezogen werden könnte, zu verunmög-
lichen, indem er anläßlich der Erzählung von der Begegnung mit der Samariterin (Kap. 4) den Willen Jesu betont, daß der dort am Jakobsbrunnen bei Sychar ausgestreute Same in der späteren Missionierung dieses
Landes aufgehe und seine Früchte bringe[12]. Vielmehr zeigt Jesus auch bei
Lukas in einer Reihe von Erzählungen ein betontes Interesse für die Samaritaner: im Gleichnis vom barmherzigen Samariter (Lk 10,25 ff.), aber
auch in seiner schroffen Zurückweisung des Ansinnens der Zebedäussöhne,
Rache an der samaritanischen Stadt wegen ihrer feindseligen Haltung zu

1957; ead. Jésus et le Calendrier de Qumran, NTSt 1960/61, 1 ff. (dagegen
J. Blinzler, Qumrankalender und Passionschronologie, ZNW 1958, 238 ff.).
[10] Siehe die Interpretation, die ich im Anschluß an *F. Dibelius*, Zwei Worte
Jesu, ZNW 1910, 190 ff. in meinem Artikel Ὁ ὀπίσω μου ἐρχόμενος, Festschrift für A. Fridrichsen, S. 26 ff. (auch in O. C., Vorträge und Aufsätze, 1925
—1962, S. 173) vertrete.
[11] *F. Hahn*, Das Verständnis der Mission im Neuen Testament, 1965², S. 44
setzt es aufs Konto der „Schule“ des Matthäus („partikularistisches Judentum
Palästinas“). — Dagegen tritt *J. Jeremias*, Jesu Verheißung für die Völker,
1959², S. 16 ff. für die Echtheit des Logions ein (Berufung auf Mt 10,23).
[12] Siehe oben S. 50 f.

üben (Lk 9,51 ff.), weiterhin in der Auszeichnung des Samariters unter den zehn Aussätzigen (Lk 17,11 ff.)[13].

Lukas und der Verfasser des 4. Evangeliums besaßen Sondertraditionen über das Verhältnis Jesu zu den Samaritanern. Das in Joh 8,48 an Jesus gerichtete und mit der Anklage, einen Dämon zu haben, verbundene Schmähwort: „du bist ein Samaritaner" setzt ein allgemeines Wissen um eine besondere Sympathie Jesu für die Samaritaner voraus. Sein Rückzug nach Ephraim, dieser samaritanisch beeinflußten Stadt, könnte auch damit zusammenhängen (Joh 11,54).

Hier kommt aber weiterhin Jesu kritische Einstellung zum Tempel in Betracht. Diese bringt ihn in eine gewisse Nähe zu den meisten Vertretern des heterodoxen Judentums. Gewiß ist er weit entfernt von dem Ausspielen des Garizim gegen den Jerusalemer Tempel, weit entfernt auch von der Polemik der Qumransekte zugunsten eines von dem bestehenden verschiedenen, neuen, aber wieder von Menschenhand zu fertigenden Tempels[14]. Er reinigt den Tempel, er erstrebt aber nicht seine Abschaffung durch menschliche Gewalt. Das Wort der Bergpredigt (Mt 5,23), „wenn du deine Gabe darbringst . . ." setzt den Tempelkult noch voraus. Und doch begegnet Jesus sich mit dem Randjudentum, insofern als er den Tempel nicht als etwas Endgültiges ansieht und sein Ende voraussagt (Mk 13,1).

Ein Wort Jesu über die Zerstörung des Tempels muß vorgelegen haben, sonst hätte es kaum im Prozeß von Zeugen in der Weise verdreht werden können, als hätte er gesagt, er selbst werde den Tempel zerstören. Wahrscheinlich entspricht die *zweite* Hälfte jenes gegen ihn vorgebrachten (falschen) Zeugnisses einer tatsächlichen Aussage Jesu, er werde einen „nicht von Menschenhand gefertigten Tempel aufbauen" (Mk 14,58), womit nach anderen Jesusworten die eschatologische Jüngergemeinschaft gemeint wäre. Joh 2,19 bringt wohl den *ersten* Teil des echten Logions, das jenem Zeugnis zugrunde liegt, in richtiger Form: „zerstört (nicht: *ich* werde zerstören, wie die falschen Zeugen von Mk 14,57 f. unterschieben) diesen Tempel, und ich werde einen anderen aufbauen". Das heißt soviel wie: wenn dieser Tempel zerstört ist, werde ich einen neuen aufbauen[15].

---

[13] Die Entstehung dieser Erzählungen dem bekannten Universalismus des Lukas zuzuschreiben (so *M. S. Enslin*, Luke and the Samaritans, H. Th. R. 1943, S. 277 ff.), scheint mir inhaltlich nicht gerechtfertigt. Wohl entspricht es der Tendenz des Lukas, diese ihm bekannten Traditionsstücke, die wohl Kreisen der Hellenisten oder bekehrter Samaritaner entstammen, in sein Evangelium aufzunehmen. Sie tragen jedoch nicht den Charakter sekundärer „Kompositionen". — Das Interesse des Lukas für Samarien liegt auch in der Apostelgeschichte vor.

[14] Siehe oben S. 56, ib. Anm. 50.

[15] Siehe im übrigen zum Problem Jesus und der Tempel meinen oben S. 91 Anm. 5 erwähnten, demnächst in der Festschrift Kümmel erscheinenden Artikel „Von Jesus zu Stephanus und zum Johannesevangelium".

Wenn das Randjudentum Jesus selber nicht fremd ist — ohne daß er
direkt zu ihm gehört hätte —, dann begreifen wir besser, daß er nicht
allzu einseitig nur für das synoptische und allenfalls das paulinische Christentum in Anspruch genommen werden darf, sondern daß ihn von vornherein vieles auch mit dem johanneischen verbindet, das in jenem besonderen Judentum verwurzelt ist.

2. Jesus und der johanneische Kreis bzw. seine Vorstufe

Das zuletzt angeführte Beispiel der Einstellung Jesu zum Tempel erlaubt uns, nicht nur eine Verbindung Jesu zum heterodoxen Judentum,
sondern auch zum johanneischen Kreis zu erkennen. An der genannten
Stelle der Erzählung von der Tempelreinigung geht der 4. Evangelist bewußt ausdrücklich über das hinaus, was nach ihm der inkarnierte Jesus in
jener Situation gesagt hat. Explizit bemerkt er, daß erst nach Jesu Tod
die Jünger, zu denen er sich wohl selbst rechnet, sich an das Wort Jesu, es
johanneisch deutend, „erinnerten", so daß er die Linie vom Ausspruch Jesu
im Sinne des johanneischen Grundgedankens: „die Gegenwart Gottes jetzt
verwirklicht in der Person Jesu" weiter fortführen kann, indem er ihn auf
den Leib Christi anwendet. Er ist überzeugt, damit die Meinung Jesu
selbst wiederzugeben: „er aber sprach vom Tempel seines Leibes". Ist diese
Überzeugung berechtigt? Jesus hat zwar die Gleichung „Tempel = sein
eigener Leib" noch nicht vorgenommen, aber die Auffassung des johanneischen Kreises, nach der der Tempel durch die Person des Logos-Men-
schensohns abgelöst wird, liegt der Erwartung Jesu jedenfalls nicht sehr
fern, daß der Tempel als Kultort einmal durch die eschatologische Jünger-
gemeinde ersetzt werde.

Die Häufigkeit der im 4. Evangelium vorkommenden Bezeichnung Menschensohn ist oft hervorgehoben worden[16]. Auch in dieser Beziehung führt
eine Linie zu allem, was wir den Synoptikern über die Vorliebe Jesu für
diesen Titel entnehmen können, der wohl seinen Ursprung, wie wir gesehen haben, in einer jüdischen Sonderlehre hat. Die Art und Weise, wie
Jesus im Johannes-Evangelium von sich selbst und seiner Einheit mit Gott
spricht, gehört gewiß zu jenem Weiterdenken und Weiterdeuten, zu dem
der Evangelist sich berechtigt weiß. Es geht aber nicht an, Jesus auch in
den Synoptikern alle Worte abzusprechen, in denen er im Zusammenhang
mit seinem Selbstbewußtsein von seiner besonderen Beziehung zum Vater
redet. Trotzdem vom johanneischen Kreis und vom Verfasser die Aussagen
Jesu weitergebildet und interpretiert werden, dürfen wir vielleicht wagen,

---

[16] Siehe *S. Schulz*, Untersuchungen zur Menschensohn-Christologie im Johannesevangelium, 1959 und *O. Cullmann*, Die Christologie des Neuen Testaments,
1956, 1966⁴, S. 189 ff. (siehe oben S. 48, 92).

sogar für den Prolog wenigstens an einem Punkte eine Verbindungslinie zu ziehen. Sollte Jesus sich wirklich auch nach den Synoptikern als die verworfene uranfängliche „Weisheit" angesehen haben[17], die in gewissen Kreisen des Spätjudentums eine so große Rolle spielt, dann wäre es besonders verständlich, daß der Prolog, wie allgemein angenommen wird, die Vorstellungen über die „Weisheit", vielleicht sogar einen Weisheitshymnus, auf den in Christus fleischgewordenen Logos übertragen hat.

Aber wir müssen nun doch die weitere Frage stellen, ob Anzeichen vorhanden sind, daß Jesus außer den Jüngern, die vom offiziellen Judentum kamen, andere hatte, die aus jenem Randjudentum stammten und zu denen er naturgemäß ein wenn nicht grundsätzlich anderes, so doch verschiedenartiges Verhältnis hatte, das sich auch in verschiedener Art der Mitteilung der Lehre ausdrücken mochte.

Es scheint mir zwar schwer, die synoptische Darstellung, nach der Jesus die Zwölfe aus der Schar der Jünger ausgewählt hat, zu bestreiten, obwohl dies versucht worden ist und einiges für diese Folgerung sprechen könnte[18]. Sicher aber ergibt sich aus dieser Wahl nicht eine Beschränkung der Jüngerschaft auf die Zwölfe. Die exklusive Stellung, die die Zwölfe in den Synoptikern einnehmen, ist wohl daraus zu erklären, daß die synoptische Tradition in der Hauptsache auf die Zwölfe zurückgeht. Lukas hat dieses Schema freilich schon in der allerdings von ihm nur kurz erwähnten Aussendung von 70 (72) Jüngern durchbrochen (Lk 10,1). Daß die Zwölfe im Johannes-Evangelium als Gruppe fast gar nicht vorkommen, haben wir gesehen, ebenso, daß dort andere, und zwar intime Jünger Jesu erscheinen. Hat aber Jesus auch nach den Synoptikern zu seinen Lebzeiten zwei Arten von Jüngern gehabt, von denen die eine aus dem offiziellen Judentum kam, die andere aus einem mehr oder weniger heterodoxen Judentum?

Ihrer geographischen Herkunft nach stammen die Zwölfe aus Galiläa. Wir finden aber auch bei den Synoptikern, besonders bei Lukas, Spuren, die darauf hinweisen, daß Jesus in Jerusalem Freunde hatte.

Auch von den Synoptikern her liegt die Vermutung nahe, daß von den ehemaligen Täuferjüngern, die Jesus in der Umgebung des Täufers gekannt haben mochte, auch solche, die aus Judäa stammten, und vor allem solche, die mehr oder weniger vom nichtkonformistischen Judentum herkamen, sich Jesus anschlossen, auch ohne ihn ständig zu begleiten. Vielleicht ließe sich diese Vermutung mit jener freilich nicht ganz durchsichtigen Notiz des Lukas über die Aussendung der 70 (72) Jünger vereinen. Da Jesus nach Lukas wohl an die 1. Mose 10 genannten 70 Völker denkt, werden sie mit der über Israel hinausweisenden Mission in Verbindung gebracht. Wie dem auch sei, es ist wohl nicht abwegig, anzunehmen, daß

---

[17] Siehe die gründliche Untersuchung von *F. Christ*, op. cit. oben S. 37 Anm. 30.

[18] *G. Klein*, Die zwölf Apostel, 1961.

sich in dem großen Jüngerkreis auch solche befanden, die später in der Jerusalemer Urgemeinde die Gruppe der „Hellenisten" bildeten, wenn wir bedenken, daß diese schon so früh zur Urkirche gehörten[19]. Die schnelle Verbreitung des Christenglaubens erklärt sich besser, wenn sie schon zu Lebzeiten Jesu durch eine Vielfalt von Jüngergruppen vorbereitet war.

Wenn Jesus selbst dem heterodoxen Judentum nicht fernstand, so ist von vornherein anzunehmen, daß er als Jünger auch solche fand, die mit jenem Judentum in engstem Kontakt standen. Von einer anderen Erwägung her ist es nicht unwahrscheinlich, daß die Beziehung Jesu zu seinen Jüngern je nach ihrer Eigenart verschiedene Formen annehmen konnte. Die Synoptiker lassen erraten, daß er auch unter den Zwölfen selbst je nach der Situation eine gewisse Auswahl traf. Sollten, wie wir Grund zu vermuten haben, zu dem größeren Jüngerkreis jene zwei nach ihrer jüdischen Herkunft zu unterscheidenden Gruppen gehört haben, so hat gewiß Jesus seine Verkündigung dementsprechend eingerichtet. Es liegt mir fern, zu behaupten, die johanneischen Reden seien, so wie sie vorliegen, die eine Gestalt dieser Verkündigung. Wir haben ja gesehen, wie der spätere johanneische Kreis und der Verfasser des Evangeliums sich für berechtigt und sogar für berufen hielten, Jesu Predigt im Hinblick auf die verfolgte Absicht im Sinne jener interpretierenden „Erinnerung" weiterzubilden. Aber immerhin dürfte Jesus mit einigen über manche Offenbarungsgegenstände auf andere Weise als mit anderen gesprochen haben. Sicher kam es auch vor, daß er Jünger aus *beiden* Gruppen um sich hatte. Wir dürfen sie uns nicht als völlig voneinander getrennt vorstellen. Immer wieder habe ich darauf hingewiesen, daß in den Synoptikern selbst wie ein erratischer Block ein Wort aus der Logienquelle steht, das „johanneisch" klingt (Mt 11,27, Lk 10,22). Liegt da nicht auch in den Synoptikern eine Erinnerung daran vor, daß Jesus über gewisse Dinge nur selten und auf besondere Weise redete?

Wir haben gesehen[20], daß er geheimzuhaltende Lehren, wie es sie in jüdischen Sekten gab, abgelehnt hat. Trotzdem ist es wahrscheinlich, daß er selber nicht mit allen Jüngern auf die gleiche Weise geredet hat. Besonders sind wohl alle Aussagen, die sein Selbstbewußtsein betreffen, über denen ja auch in den Synoptikern der Schleier einer merkwürdigen Zurückhaltung liegt[21], einer mehr intimen Verkündigung zuzuweisen. In diesem Zusammenhang haben wir auch die Hypothese zweier äußerer

---

[19] *E. H. Plumptre*, The Samaritan Element in the Gospels and Acts: The Exp. 1878, 22 ff. (siehe oben S. 53) stellte sogar die Hypothese auf, daß Stephanus und Philippus zu den 70 gehört hätten.

[20] Siehe oben S. 85.

[21] die trotz *W. Wrede*, Das Messiasgeheimnis in den Evangelien, 1901, nicht als Erfindung des Markus anzusprechen ist. Siehe *O. Cullmann*, Die Christologie des Neuen Testaments, 1956, 1966⁴, S. 125 und Der Staat im Neuen Testament, 1961².

Formen von Unterweisung erwähnt, wie sie H. Riesenfeld und B. Ger-
hardsson, freilich in anderem Kontext, aufgestellt haben[22]. Gerade in Jerusalem und angesichts seines Todes mag Jesus wohl gewisse Dinge offenbart
haben, über die er sonst nicht gesprochen hat.

Jedenfalls ist der Anspruch des johanneischen Kreises und seine im
Johannes-Evangelium vorausgesetzte Berufung auf Jesus selbst nicht so
schnell als mit unserem Wissen über den „historischen Jesus" unvereinbar
abzuweisen. Demnach würden beide Jüngergruppen, die im Hinblick auf
die Zahl und die Kontinuierlichkeit des Zusammenlebens wichtigere, durch
Petrus vertretene, und die kleinere, auf mehr verinnerlichter Beziehung
beruhende, durch den Lieblingsjünger vertretene, auf Jesus zurückgehen.
Unser übliches Geschichtsbild von den Anfängen des Christentums müßte
dann nach dieser Richtung eine Korrektur erfahren.

---

[22] Siehe oben S. 25 Anm. 8.

X. Kapitel

ANHANG:
HYPOTHESEN ÜBER DATUM UND ENTSTEHUNGSORT
DES JOHANNES-EVANGELIUMS

Vom Ursprung des johanneischen Kreises müssen wir denjenigen der Abfassung des Evangeliums und seiner Herausgabe unterscheiden.

1. Datum

Da aus dem Evangelium selbst, Kapitel 21, 24, indirekt zu schließen ist, daß es erst eine gewisse Zeit, nachdem es „geschrieben" wurde, herausgegeben worden ist, und da der oder die dort in der 1. Person Pluralis Sprechenden ihm die gegenwärtige Gestalt gegeben haben, so ist die Datumsfrage ebenso komplex wie das Verfasserproblem. Während wir jedoch zur Lösung der Verfasserfrage über Elemente verfügen, die uns der Inhalt des Evangeliums liefert, ist der hypothetische Charakter aller Vermutungen, auf den wir in der Datumsfrage angewiesen sind, größer. Nur mit diesen Vorbehalten können wir einen Versuch in dieser Hinsicht wagen.

Zunächst handelt es sich darum, den chronologischen Abstand zwischen dem anonymen Jünger und dem Redaktor, der in Kapitel 21 spricht, zu bestimmen. Mit Gewißheit können wir nur sagen, daß der Jünger tot ist im Augenblick, wo der oder die Redaktoren sich an die Arbeit gemacht haben. Sie müssen nämlich die Meinung dementieren, nach der der „Jünger nicht sterbe". Es ist aber nicht auszumachen, wieviel Zeit seit diesem Tod verstrichen ist. Man ist versucht, anzunehmen, daß es sich um ein Ereignis handelt, das nicht allzu weit zurückliegt, da das Problem noch aktuell zu sein scheint, das mit dem Hinschied der letzten Vertreter der Augenzeugen gegeben war. Die Tradition, die allerdings den Verfasser wohl zu Unrecht mit Johannes dem Zebedäussohn identifiziert, spricht vom hohen *Alter*, das der Jünger erreicht hat[1], was das Aufkommen jenes Gerüchtes erklären würde, daß dieser Jünger nicht sterbe.

---

[1] Siehe oben S. 71, 83 und unten S. 101.

a) Datum der Redaktion

Von daher müssen wir, auch wenn wir den Zeitpunkt der Herausgabe und der Revision durch den Redaktor nicht allzu weit vom Tod des Verfassers entfernen, doch immerhin für jene bis gegen Ende des 1. Jh. hinuntergehen. Forscher, die von der Beziehung des Redaktors zu einem Augenzeugen absehen, gehen eher weiter, einige sogar bis 120—140 (z. B. A. Loisy, A. Schweitzer)[2]. Die zugunsten dieser Annahme geltend gemachte späte Bezeugung des Evangeliums rechtfertigt aber einen so späten Ansatz nicht. Freilich haben wir vor der zweiten Hälfte des 2. Jahrhunderts keinen sicheren diesbezüglichen Text. Immerhin spricht manches dafür, daß Ignatius von Antiochien am Anfang des 2. Jahrhunderts das Evangelium benützt hat, ohne es zu zitieren, wie Ch. Maurer glaubt, nachweisen zu können[3]. Das gleiche gilt für Justin den Märtyrer, der allerdings erst gegen 150 schreibt. Dagegen ist es unsicher, ob schon der Verfasser des 1. Klemensbriefs (ca. 96) unser Evangelium gekannt hat, wie M.-E. Boismard annimmt[4]. Daß es wenig und erst spät zitiert wurde, erklärt sich aus der Tatsache, daß der johanneische Kreis von dem großen Strom des Urchristentums längere Zeit mehr oder weniger noch getrennt war.

In gnostischen Kreisen hat es bald Verbreitung gefunden. Dies erlaubt uns jedoch nicht, den Ursprung seiner Herausgabe mit dem Datum der großen gnostischen Schulen des 2. Jahrhunderts zusammenfallen zu lassen. Da der johanneische Kreis in einem heterodoxen Judentum seinen Ursprung hat, ist es nicht erstaunlich, daß dieser Typus von Christentum den Tendenzen des Gnostizismus, der mit ihm gemeinsame Wurzeln hat, am meisten entgegenkam[5]. So erklärt sich auch das Mißtrauen, auf das das Johannes-Evangelium vielfach gestoßen ist. — Wenn wir von der Benützung des Evangeliums ausgehen, werden wir also die Entstehung seiner endgültigen Form auch von hier aus gegen Ende des ersten Jahrhunderts ansetzen.

Dieses annähernde Datum kann aber auf einem objektiveren, sichereren Weg durch die ältesten Papyrushandschriften, die in den letzten Jahrzehnten gefunden worden sind, präzisiert werden. Diese enthalten ja Fragmente johanneischer Texte. Der aus Ägypten stammende Ryland-Papyrus P. 52 enthält die Stellen Kapitel 18,31—33. 37—38, und er wird überein-

---

[2] *A. Loisy*, Le quatrième évangile, 1921.

[3] *Ch. Maurer*, Ignatius von Antiochien und das Johannesevangelium, 1949. Die gegenteilige Meinung vertritt *H. Köster*, Geschichte und Kultur im Johannesevangelium und bei Ignatius, ZThK 1957, S. 56 ff. Die Frage stellt sich aber, ob Ignatius nicht zu spätern Vertretern eines Ausläufers des johanneischen Kreises (in fortgeschrittenem Stadium) gehört. Siehe oben S. 66 und unten S. 102.

[4] *M.-E. Boismard*, Clément de Rome et l'évangile de Jean, R. B. 1948, S. 376 ff.

[5] Dazu *G. Quispel*, L'évangile de Jean et la Gnose, Rech. bibl. Louv., 1958, S. 197 ff.

stimmend an den Anfang des 2. Jahrhunderts (ca. 130) verlegt. Der Egerton-Papyrus 2, der nach der wahrscheinlichsten These Synoptiker und Johannes-Evangelium kombiniert, gehört ungefähr in die gleiche Zeit[6]. Wenn das Evangelium in Ägypten schon im Anfang des 2. Jahrhunderts bekannt war, so muß es eine gewisse Zeit vor der Herstellung der beiden Papyri, also früher als das Jahr 100, herausgegeben worden sein.

b) Datum der Abfassung des ursprünglichen Evangeliums

Die Angabe eines festen Datums für das Werk des Evangelisten selber ist schwieriger. Wenn der Verfasser mit dem anonymen Jünger, der in hohem Alter gestorben ist, identisch ist, so scheint er es, wie bereits angedeutet, in den letzten Jahren seines Lebens geschrieben zu haben, oder besser gesagt: er scheint bis gegen Ende seines Lebens „daran" geschrieben zu haben. Denn vom Datum des Evangeliums ist auch deshalb schwer zu sprechen, weil der Verfasser an dem umfangreichen Werk wohl längere Zeit gearbeitet hat und schon verhältnismäßig früh damit begonnen haben mag[7].

Gewöhnlich nimmt man die übrigens hypothetischen Daten der Synoptiker als Ausgangspunkt, um dasjenige des Evangeliums zu kennen. Da man meistens die Priorität der Synoptiker für selbstverständlich hält und oft zumindest die Kenntnis des Lukas-Evangeliums voraussetzt, meint man, von daher nicht höher als bis zum Jahre 80 hinaufgehen zu dürfen. Aber die Annahme der Unabhängigkeit des Evangelisten, nicht gegenüber der synoptischen Tradition, wohl aber den geschriebenen synoptischen Evangelien, scheint sich mehr und mehr durchzusetzen. Daher ist dieser Ausgangspunkt problematisch. Wenn es richtig ist, im Verfasser einen Augenzeugen wenigstens für gewisse Ereignisse zu sehen, was ja wohl für keinen der Synoptiker zutrifft, bin ich jetzt im Gegensatz zu früher eher geneigt, die ursprüngliche Abfassung des Evangeliums als zumindest ebenso alt, wahrscheinlich sogar als älter als die des ältesten der synoptischen Evangelien anzusehen[8].

Von unsern üblichen Vorstellungen aus scheint diese Annahme durchaus anstößig[9]. Aber wir haben im Rahmen der vorliegenden Arbeit davon auszugehen, daß es sich bei dieser Gruppe um einen vom großen Strom des Urchristentums verschiedenen *parallelen* Kreis handelt. Diese *Parallelität* muß auch in *chronologischer* Hinsicht berücksichtigt werden, während man gewöhnlich wie eine Selbstverständlichkeit das Verhältnis

---

[6] Siehe *G. Mayeda*, Das Leben-Jesu-Fragment Egerton 2, 1946.

[7] Dies ist auf jeden Fall von der von *W. Wilkens*, op. cit., siehe oben S. 3 Anm. 6 vertretenen These festzuhalten.

[8] Ein frühes Datum nimmt auch an *R. M. Grant*, The Origin of the Fourth Gospel, JBL 1950, S. 305; neuerdings *F. L. Cribbs*, A Reassessment of the Date and the Destination of the Gospel of John, JBL 1970, S. 38 ff.

[9] Auf keinen Fall entspringt sie hier einem prinzipiellen Konservatismus.

Synoptiker-Johannesevangelium im Sinne einer chronologischen Suk-
zession sieht. Wenn man die hypothetische Logienquelle in die fünfziger
Jahre verlegt, so ist die Annahme jedenfalls nicht von vornherein zu ver-
werfen, daß die Abfassung des Johannes-Evangeliums in ihren Anfängen
älter als das Jahr 70 sein kann. Allerdings dürfen wir nicht allzu weit hinaufgehen[10], wenn der Evangelist nach der von mir vorgeschlagenen Lösung
für diejenigen Ereignisse, deren Augenzeuge er nicht war, Traditionen
benützt hat, von denen einige ein bereits fortgeschritteneres Stadium der
Entwicklung erkennen lassen. Wir verzichten daher lieber darauf, das Datum noch näher zu präzisieren.

2. Der Ort

Die Ungewißheit über den Ort der Abfassung ist noch größer. Wir
haben gesehen, daß die Heimat des Jüngers wahrscheinlich Judäa ist. Anderseits interessiert sich das Evangelium für Samarien. Ist der Ort, an dem
der Redaktor seine Arbeit vorgenommen hat, der gleiche wie der, an dem
sich der Verfasser zuletzt aufgehalten hat? Dies ist wahrscheinlich, wenn er
das Evangelium nicht lange nach dem Tode des Verfassers herausgegeben
hat. Ein Ortswechsel ist ja für die Gruppe wie für den Verfasser fast
sicher anzunehmen. Unter den verschiedenen vorgeschlagenen Hypothesen
gibt es zwei, die einen größeren Wahrscheinlichkeitsgrad besitzen. Zunächst *Syrien*. Wir wissen, daß sich hier ein Judentum mit synkretistischen
Tendenzen entwickelte. Die Salomons-Oden stammen aus diesem Land.
Anderseits sind es unter den Schriften der apostolischen Väter die Ignatius-
briefe, die die größte Verwandtschaft mit unserem Evangelium zeigen. Ob
man mit Ch. Maurer[11] annimmt, Ignatius habe unser Evangelium gekannt, oder mit H. Köster[12], daß man in Anbetracht der bestehenden
theologischen Unterschiede nur eine analoge Umgebung annehmen könne,
so kann doch auf jeden Fall Syrien als eine beiden Autoren gemeinsame
Region angesehen werden. Von unserer Annahme aus, Ignatius habe zu
einer schon weiter entwickelten, späteren Fortbildung des johanneischen
Kreises gehört, ließen sich die erwähnten Unterschiede übrigens durchaus
mit der Kenntnis des Evangeliums vereinbaren. Das mehr oder weniger
zweisprachige Land Syrien würde auch gut zu dem passen, was wir von
dem semitischen Charakter der griechischen Sprache unseres Evangeliums
gesagt haben.

Die andere Möglichkeit, die sich ebenfalls auf starke, vielleicht sogar
stärkere Argumente stützen kann, ist *Transjordanien*. Dies war das Land

---

[10] *E. R. Goodenough*, John a Primitive Gospel, JBL 1945, S. 145 ff. gibt
Gründe an, die ihn veranlassen, das Evangelium höher hinauf zu datieren.
F. Spitta (oben S. 2) geht für seine „Grundschrift" sogar über das J. 44 hinauf.
[11] Siehe op. cit oben S. 100 Anm. 3.
[12] Siehe oben S. 100 Anm. 3.

des Synkretismus, vor allem der täuferischen Bewegungen. Hierher flüch-
teten nach der zwar bestrittenen, aber doch noch nicht widerlegten Tradition viele Christen nach dem Jahre 70, wahrscheinlich auch die Reste der
Qumransekte, die nach meiner Annahme[13] in der Gemeinschaft des gegenüber einem gewissen jüdischen Gnostizismus allzu offenen häretischen
Judenchristentums, wie es durch die Pseudoklementinen bezeugt ist, auf-
gingen. Wenn die Sekte des Johannes des Täufers besonders in dieser
Gegend angesiedelt war, so würde dies gut erklären, daß sie zugleich von
den Judenchristen der Pseudoklementinen und dem 4. Evangelium, wenn
auch auf ganz verschiedene Weise, bekämpft wird[14].

Ich erwähne nur kurz die beiden anderen Regionen, die als Ursprungsland aufgrund von Hypothesen vorgeschlagen worden sind, die allerdings
etwas weniger gut begründet scheinen als die auf Syrien und Transjordanien bezüglichen. Zuerst *Ägypten:* Man hat an Alexandrien gedacht, besonders solange man zur näheren Bestimmung der Umwelt fast ausschließlich die Parallelen der Gedankengänge Philos zum Prolog heranzog. Wir
wissen jedoch heute, daß es sich um eine viel umfassendere Geistesrichtung
handelt. Außerdem hat man sich auf die Tatsache gestützt, daß die ersten
Abschriften des Textes des Johannes-Evangeliums die in Ägypten entdeckten Papyri sind. Da jedoch die ägyptische Bodenbeschaffenheit die Erhal-
tung von Papyri begünstigt, kommt diesem Argument kein besonderer
Wert zu.

Kleinasien wird schon seit dem Altertum als Heimat unseres Evangeliums angesehen. Diese Tradition ist mit derjenigen verknüpft, die Johannes den Zebedäussohn als Verfasser bezeichnet. Sie könnte aber auch unabhängig von dieser in Betracht kommen. Man hat zu ihren Gunsten das
Vorhandensein im Johannes-Evangelium bekämpfter Häresien, vor allem
einer Gruppe von Johannesjüngern in diesem Lande geltend gemacht.
Anderseits wird auf den Aufenthalt des Sehers der Johannesoffenbarung
auf Patmos hingewiesen, was allerdings die Lösung des Problems der Beziehung zwischen diesem Buch und dem Evangelium voraussetzt[15]. Die
Tatsache, daß sich jede dieser Thesen auf Argumente stützen kann, die
nicht unbegründet sind, und die daraus sich ergebende Unsicherheit finden
ihren Ausdruck in den verschiedenen Versuchen, sie aufgrund der Annahme miteinander zu verbinden, der Verfasser hätte mehrere Male seinen Wohnsitz verändert[16].

---

[13] Siehe den oben S. 38 Anm. 36 zitierten Artikel.
[14] Siehe oben S. 64.
Der Ursprung des 4. Evangeliums wird auch von *H. E. Edwards,* The Disciple who wrote these things, 1953 nach Transjordanien verlegt.
[15] Siehe oben S. 57 f.
[16] So *F. M. Braun,* op. cit. Bd. I.

BIBLIOGRAPHIE

Über kein biblisches Buch ist in den letzten Jahrzehnten so viel geschrieben worden wie über das Johannesevangelium. Die nur für die vorliegende Arbeit besonders wichtigen Untersuchungen sind jeweils in den Anmerkungen zitiert. Darüber hinaus kommen natürlich viele andere in Betracht. Wir sind in der glücklichen Lage, nach dem Forschungsbericht von *E. Haenchen* in ThR 1956, S. 295 ff. heute über drei sehr wertvolle Bibliographien zu verfügen:

E. Malatesta, St. John's Gospel 1920—1965. A cumulative and classified bibliography of books and periodical literature on the Fourth Gospel (Analecta biblica 1967).

A. Moda, Quarto Vangelo 1966—1972. Rivista biblica italiana 1974, S. 53 ff.

H. Thyen, Aus der Literatur zum Johannesevangelium (mit einer Bibliographie seit 1966 und einer ausgewählten von 1956—1966), Th. R. 1974, S. 1 ff.

Für die *neueren Kommentare*, die in der Arbeit mit Komm. zitiert werden, gebe ich hier eine Liste (in Auswahl):

B. F. Westcott, The gospel according to St. John, 2 vol., 1887 (neue Ausgabe A. Fox, 1958).

A. Loisy, Le quatrième évangile et les épîtres dites de Jean, 1903, 1921[2].

Th. Zahn, Das Evangelium des Johannes, 1921[6].

W. Bauer, Das Johannesevangelium erklärt, HNT 1925, 1933[3].

M. J. Lagrange, L'évangile selon S. Jean, E. B. 1925, 1936[5].

J. H. Bernard, A Critical and Exegetical Commentary according to St. John, 2 vol., I. C. C. 1928.

G. H. C. Macgregor, The Gospel of John (Moffat), 1929.

A. Schlatter, Der Evangelist Johannes. Wie er spricht, denkt und glaubt, 1930 (Neudrucke).

E. Hoskyns, The Fourth Gospel (ed. F. N. Davey), 1940, 1947[2].

R. Bultmann, Das Evangelium des Johannes (H. A. W. Meyer), 1941[10] (mit Ergänzungsheft 1957).

A. Wikenhauser, Das Evangelium nach Johannes, R. N. T. 1949, 1961[3].

H. Strathmann, Das Evangelium nach Johannes, N. T. D. 1951.

C. K. Barrett, The Gospel according to St. John, 1954 (Neudrucke).

R. H. Lightfoot, St. John's Gospel (ed. C. F. Evans), 1956.

A. Richardson, The Gospel according to St. John (Torch Bible), 1959 (Neudrucke).

A. van den Bussche, Het vierde evangelie, 4 vol., 1959/60.

W. Grundmann, Das Evangelium nach Johannes, 1968.

J. N. Sanders, A Commentary on the Gospel according to St. John, vollendet von B. A. Mastin, 1968.

R. E. Brown, The Gospel according to St. John (Anchor Bible), vol. I 1966, vol. II 1970.

R. Schnackenburg, Das Johannesevangelium (Herder), Bd. I 1965, Bd. II 1971.

L. Morris, The Gospel according to John, 1972.

B. Lindars, The Gospel of John, 1972.

S. Schulz, Das Evangelium nach Johannes, N. T. D. 1972.

INDEX AUCTORUM

INDEX LOCORUM

A. Bibelstellen

B. Spätjüdische und altchristliche Literatur